KB266395

___________________ 님의 소중한 미래를 위해

이 책을 드립니다.

월배당
ETF의
모든 것

매달 현금이 꽂히는 제2의 월급 시스템을 소유하라

월배당 ETF의 모든 것

김영민 지음

메이트북스

메이트북스 우리는 책이 독자를 위한 것임을 잊지 않는다.
우리는 독자의 꿈을 사랑하고,
그 꿈이 실현될 수 있는 도구를 세상에 내놓는다.

월배당 ETF의 모든 것

초판 1쇄 발행 2026년 4월 20일 | **지은이** 김영민
펴낸곳 (주)원앤원콘텐츠그룹 | **펴낸이** 강현규·정영훈
등록번호 제301-2006-001호 | **등록일자** 2013년 5월 24일
주소 04607 서울시 중구 다산로 139 랜더스빌딩 5층 | **전화** (02)2234-7117
팩스 (02)2234-1086 | **홈페이지** matebooks.co.kr | **이메일** khg0109@hanmail.net
값 17,500원 | **ISBN** 979-11-6002-467-8 03320

잠자는 동안에도 돈이 들어오지 않으면
죽을 때까지 일해야 한다.

· 워런 버핏(투자의 귀재) ·

이제 월배당 ETF로 디지털 건물주가 되라

국민연금 수령 시기는 점점 뒤로 밀리고, 노후를 위해 '건물주'가 되겠다던 4050 세대의 소박한 꿈은 대출 이자와 세입자 민원, 그리고 치솟는 세금이라는 현실의 벽에 막혀 처참히 부서졌다. 당신이 평생을 바쳐 땀 흘려 쌓아 올린 노동 소득은 인플레이션이라는 거대한 파도 앞에 속절없이 그 가치가 녹아내리고 있다.

지금처럼 고정된 월급만 바라보고 사는 삶은, 침몰하는 배의 갑판 위에서 마지막 식사를 즐기는 것과 다름없다. 누군가 당신의 노후를 구원해 줄 것이라는 착각은 가장 위험한 망상이다.

이제는 노동의 굴레에서 완전히 벗어나 자본이 당신을 대신해 스스로 일하게 만드는 '월배당 시스템'을 구축해야 한다. 이 책은 단순히 운에 기대어 주가가 오르기만을 기다리는 도박 같은 투자를 단호히 거부한다.

이 책은 매달 계좌에 꼬박꼬박 꽂히는 현금, 즉 시스템이 직접 벌어다 주는 월급을 만드는 '월배당 ETF'의 세계로 당신을 끌어들일 것이다. 관리의 고통에 시달리는 수억 원짜리 부동산보다, 단돈 1만 원으로 시작해 관리의 고통 없이 부를 증식하는 월배당 ETF가 훨씬 더 완벽한 디지털 건물주 시스템이다.

이 책은 당신이 그동안 귀찮다는 이유로 외면했던 배당 투자의 냉혹한 진실을 날카롭게 파헤친다. 겉으로만 화려한 고배당의 함정을 어떻게 피할 것인지, 어떻게 하면 세금과 수수료라는 보이지 않는 침입자를 차단하며 복리의 마법을 부릴 것인지, 시장이 폭락하는 위기 상황에서도 매달 500만 원의 현금이 흔들림 없이 입금되는 포트폴리오를 어떻게 설계할 것인지, 그 구체적인 설계도를 제시한다.

뜬구름 잡는 거시 경제 전망은 내려놓자. 여기에는 오직 시장의 급등락을 잠재우고 내 주머니를 채우는 '무적의 시스템'을 만드는 실전 기술만이 담겨 있다.

당신은 지금 선택의 기로에 서 있다. 평생 늙어서까지 노동의 고통 속에 허덕이며 살 것인가, 아니면 지금 당장 시스템을 구축해 죽을 때까지 월급을 받는 경제적 자유를 누릴 것인가.

이 책은 당신이 4050이라는 인생의 가장 중요한 변곡점에서 다시 한번 경제적 주권을 되찾기 위한 가장 공격적이고, 가장 구체적이며, 가장 실전적인 전략서가 될 것이다. 더 이상 경제 전문가들의 애매한 조언이나 남들의 말에 휘둘리지 마라. 당신의 노후는 당신이 직접 통제해야 한다.

이제 당신의 스마트폰 안에 나만의 디지털 빌딩을 세우는 첫 벽돌을 쌓을 시간이다. 시장의 소음에 귀를 닫고, 오직 매달 들어오는 현금 흐름에만 집중하라.

당신이 이 책을 덮는 순간, 노동 소득의 시대는 끝나고, 자본이 당신을 위해 밤낮없이 일하는 새로운 시대가 열릴 것이다. 준비는 끝났다. 이제 당신의 노후를 지킬 단단한 배당 엔진을 가동하라. 당신의 자본은 당신이 생각하는 것보다 더 큰 힘을 가지고 있다.

마지막으로 강조한다. 이 책을 읽는 것으로 끝내지 마라. 매달 현금이 꽂히는 시스템을 당신의 계좌에 구현하는 순간, 비로소 당신은 비참한 노후로부터 완벽하게 탈출하게 될 것이다.

노동으로부터의 해방, 그것은 선택이 아니라 생존이다. 오늘 당신이 내리는 결단이 훗날 당신의 삶을 지탱하는 가장 거대한 버팀목이 될 것임을 확신한다.

이제 월배당 ETF라는 무기로 무장하고, 진정한 자본가의 길로 당당하게 걸어 들어가라.

김영민

2장 은퇴 후 국민연금보다 월배당 ETF로 사는 법

3장 월배당 ETF 매매 공식, 이것만 알면 실수 없다

4장 수익률을 두 배로, 커버드콜과 고배당의 기술

5장 배당의 본고장, 미국 원조 ETF에서 답을 찾아라

6장 한국형 은퇴 설계, 대세 ETF를 공략하라

9장 죽을 때까지 월급 받는 무적의 포트폴리오를 짜라

10장 흔들리지 않는 월배당 투자, 돈의 흐름을 읽어라

# 절세계좌 활용 가이드

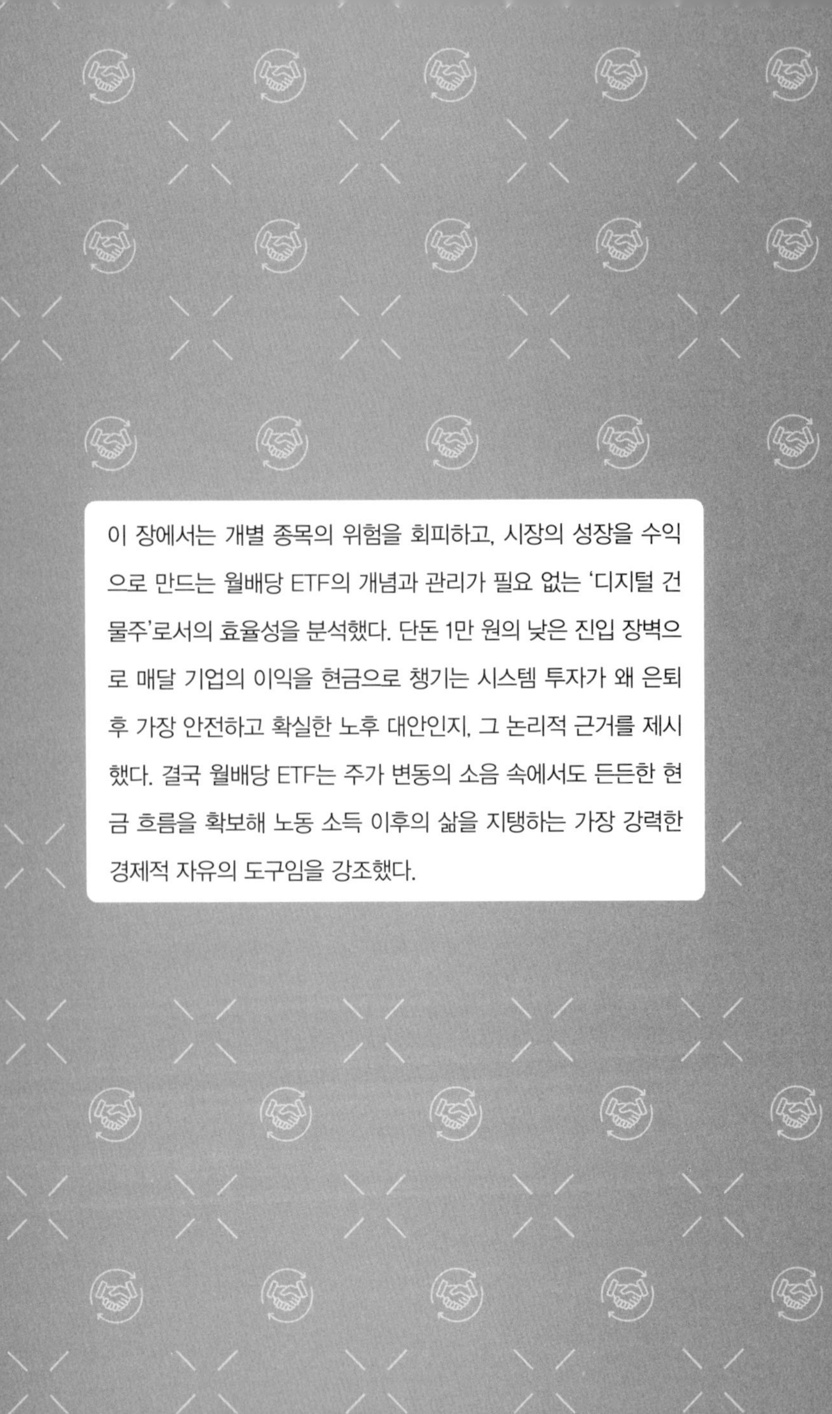

이 장에서는 개별 종목의 위험을 회피하고, 시장의 성장을 수익으로 만드는 월배당 ETF의 개념과 관리가 필요 없는 '디지털 건물주'로서의 효율성을 분석했다. 단돈 1만 원의 낮은 진입 장벽으로 매달 기업의 이익을 현금으로 챙기는 시스템 투자가 왜 은퇴 후 가장 안전하고 확실한 노후 대안인지, 그 논리적 근거를 제시했다. 결국 월배당 ETF는 주가 변동의 소음 속에서도 든든한 현금 흐름을 확보해 노동 소득 이후의 삶을 지탱하는 가장 강력한 경제적 자유의 도구임을 강조했다.

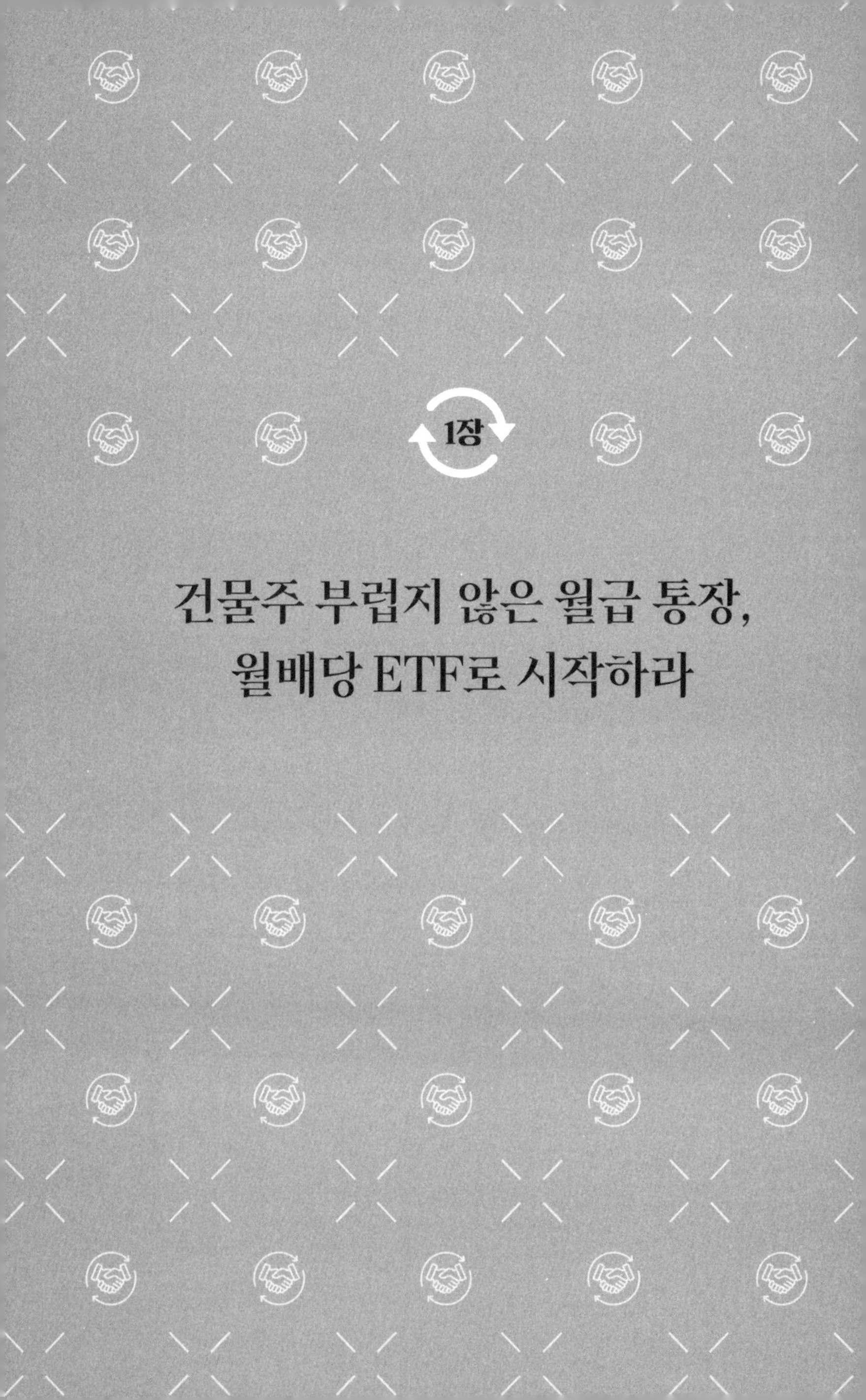

건물주 부럽지 않은 월급 통장, 월배당 ETF로 시작하라

ETF란 무엇이고,
왜 최고의 투자처인지 파악하자

ETF는 주식처럼 실시간으로 거래 가능한 상장 펀드로서, 낮은 운용 보수와 높은 투명성을 바탕으로 시장 전체에 효율적인 분산 투자를 가능하게 해 노후를 위한 가장 안정적이고 강력한 자산 관리 시스템이다.

ETF(상장지수펀드)는 쉽게 말해 '주식 시장에 상장된 펀드'다. 일반 펀드는 은행에 가서 가입하고 해지하는 데 며칠이 걸리지만, ETF는 증권사 앱에서 주식처럼 실시간으로 사고 팔 수 있다. 특정 지수나 테마를 추종하도록 설계되어 있어, 개별 기업을 일일이 분석할 필요 없이 시장 전체 혹은 특정 산업 전체를 통째로 사는 것과 같다.

전 세계 투자자들이 ETF에 열광하는 첫 번째 이유는 '압도적인 비용 효율성'이다. 펀드 매니저가 직접 운용하는 일반 펀드는 수수료가 비싸지만, 지수를 그대로 따르는 ETF는 운용 보수가 매우 낮다.

적은 비용으로 자산을 분산할 수 있다는 점은 복리 효과를 극대화해야 하는 은퇴자에게 가장 큰 무기다. 10년, 20년 장기 투자할 때 연간 1%의 보수 차이는 최종 수익률에서 수천만 원의 차이를 만든다.

두 번째 이유는 '투명성과 접근성'이다. 일반 펀드는 내가 투자한 돈이 정확히 어떤 종목에 들어가는지 알기 어렵다. 반면 ETF는 구성 종목을 매일 공시하며, 투자자는 실시간 가격을 보며 즉시 현금화할 수 있다. 분산 투자와 즉각적인 환금성이라는 두 가지 장점을 동시에 갖춘 상품은 ETF가 유일하다.

미국의 대표 지수인 S&P 500에 투자하고 싶을 때, 500개 기업의 주식을 모두 직접 사는 것은 불가능하다. 하지만 S&P 500을 추종하는 ETF 한 종목만 매수하면 단돈 몇만 원으로 500개 기업의 주주가 될 수 있다. 개별 종목이 상장 폐지되거나 실적이 급락할 때 겪는 위험을 시장 전체의 평균 수익률로 방어하는 것, 이것이 전 세계 자금이 ETF로 몰리는 진짜 이유다.

이제 '개별 종목 투자'에서 '지수 추종 투자'로 패러다임을 전환하라. 시장 전체의 성장을 내 수익으로 만드는 것이야말로 실패 확률을 낮추는 가장 확실한 방법이다. 매달 배당을 주는 '월배당 ETF'는 이러한 ETF의 장점에 현금 흐름이라는 실질적 이익까지 결합한 진화된 모델이다.

증권사 앱에서 관심 있는 ETF 종목을 검색하고 구성 종목을 확인하라. 수십 개의 우량 기업이 하나의 종목에 압축되어 있는 것을 보는 순간, ETF가 왜 노후를 책임질 가장 든든한 파트너인지 이해하게 될 것이다.

흩어진 종목을 모으느라 에너지를 낭비하지 마라. 효율적으로 설계된 ETF 시스템 하나가 개별 기업 10곳보다 훨씬 강하고 안전하다.

월배당 ETF의 구조와
자금 지급 원리를 이해하자

운용사가 바구니에 담긴 수십 개 기업으로부터
배당금과 이자를 대신 받아 한꺼번에 정리한 뒤 투자자에게
매달 공평하게 분배해주는 편리한 현금 흐름 시스템이다.

월배당 ETF가 매달 돈을 줄 수 있는 첫 번째 비결은 바구니에 담긴 기업들이 나누어주는 배당금에 있다. ETF라는 큰 주머니 안에는 수십 개의 회사가 들어있고, 이 회사들은 각기 다른 날짜에 자신들의 이익을 주주에게 나누어준다. 운용사는 이 기업들로부터 받은 배당금을 금고에 차곡차곡 모아두었다가 매달 약속된 날짜에 투자자들의 계좌로 공평하게 나누어 입금해준다.

만약 내가 개별 주식을 사서 매달 월급처럼 돈을 받으려면 수십 개의 회사 배당일을 일일이 계산해서 직접 투자해야 한다. 하지만 월배당 ETF는 운용사가 이 복잡한 과정을 대신 처리해주기 때문에, 투자자는 단 하나의 상품만 사두어도 매달 정해진 날에 현금을 받게 된다.

일부 월배당 ETF는 주식의 배당금뿐만 아니라 채권의 이자나 특수한 거래를 통해 발생하는 수익을 현금의 원천으로 삼기도 한다. 채권은 정해진 날짜에 이자를 주기로 약속된 종목이기에 주식 배당보다 현금 흐름이 훨씬 더 규칙적이고 예측 가능하다는 장점이 있다.

이처럼 다양한 곳에서 나오는 현금을 한데 모으기 때문에 시장이 조금 흔들려도 우리가 받는 월급 통장은 크게 마르지 않고 유지될 수 있다.

투자자들이 가장 궁금해하는 지급 원리의 핵심은 바로 '분배금'이라는 이름으로 내 계좌에 찍히는 숫자의 정체다. 운용사는 매달 결산을 통해 금고에 쌓인 돈을 주식 수에 맞춰 배분하는데, 이를 위해 한 달에 한 번 배당을 받을 권리가 있는 사람을 확정하는 날을 정한다. 그날까지 ETF를 보유하고 있기만 하면, 며칠 뒤 내 주식 계좌로 현금이 자동 입금 되므로 별도의 신청이나 복잡한 절차는 전혀 필요 없다.

현금이 지급되는 방식은 내가 가진 주식 수에 비례하므로 더 많은 수량을 모을수록 매달 받는 월세의 규모도 자연스럽게 커지게 된다. 예를 들어 한 주당 50원을 주는 ETF를 1천 주 가지고 있다면 매달 5만 원의 현금이 내 계좌로 꼬박꼬박 들어오는 방식이다.

특별한 노동 없이도 자본이 스스로 일해서 돈을 벌어다 주는, 이 원리를 이해하는 것이 노후의 경제적 자유를 완성하는 핵심 열쇠가 된다.

결국 월배당 ETF는 기업의 성과를 매달 현금이라는 실체로 바꿔서 우리에게 전달해주는 고마운 통로 역할을 수행한다. 주가가 오르기만을 마냥 기다리는 막연한 투자가 아니라 매달 내 손에 쥐어지는 현금을 확인하며 심리적 안정을 얻는 것이, 이 투자의 진짜 가치다.

4050이 건물주보다
월배당 ETF를 더 선호하는 이유

월배당 ETF는 부동산처럼 세입자나
관리의 고통 없이 소액으로도 즉시 투자가 가능하며,
높은 환금성과 절세 혜택까지 갖춘 똑똑한 디지털 자산이다.

과거 4050 세대에게 최고의 노후 대책은 꼬박꼬박 월세가 들어오는 상가나 오피스텔을 소유한 건물주가 되는 것이었다. 하지만 실제 건물주는 세입자의 민원을 해결하고 낡은 시설을 수리하며 각종 부동산 세금을 챙기느라 늘 골치 아픈 일을 마주하게 된다. 반면 월배당 ETF는 수억 원의 거액이 없이도 단돈 1만 원으로 시작할 수 있으며, 건물 관리의 수고로움 없이 매달 통장에 현금이 꽂힌다.

부동산은 한 번 사면 급하게 돈이 필요할 때 바로 팔기가 어렵고, 중개 수수료나 취득세 같은 비용도 수백만 원에서 수천만 원까지 발생한다. 이에 비해 ETF는 스마트폰 하나로 언제든 현금으로 바꿀 수 있는 뛰어난 환금성을 갖추고 있어 갑작스러운 지출 상황에도 유연하게 대처할 수 있다.

무거운 콘크리트 덩어리를 들고 있는 것보다 가볍고 투명한 디지털 자산을 보유하는 것이 변화무쌍한 노후 경제 상황에 훨씬 유리한 선택이다.

수익률 측면에서도 월배당 ETF는 부동산 월세 수익에 뒤처지지 않으며, 오히려 세금 면에서 더 영리한 선택이 된다. 건물을 가지면 재산세와 종합부동산세는 물론이고 건강보험료 인상까지 걱정해야 하지만, 절세 계좌를 활용한 ETF 투자는 이런 부수적인 비용을 획기적으로 낮춰준다.

매달 100만 원의 월세를 받기 위해 수억 원의 대출을 끼고 건물을 사는 것보다 안정적인 배당주에 나누어 담는 것이 실질적인 순수익 면에서 이득이다.

세입자와의 갈등이나 공실 걱정이 전혀 없다는 점은 은퇴 후 평온한 삶을 원하는 투자자들에게 ETF가 사랑받는 결정적인 이유다. 건물주는 경기가 나빠져 상가가 비면 대출 이자를 자기 주머니에서 생돈으로 내야 하지만, ETF는 전 세계 우량 기업 수십 곳이 나를 대신해 매일 돈을 번다.

내가 직접 발품을 팔아 건물을 관리하는 노동을 하지 않아도 자본이 스스로 일하게 만드는 시스템의 효율성 면에서 ETF는 부동산을 압도한다.

상속과 증여를 고려할 때도 쪼개기 어려운 부동산보다 한 주 단위로 나눌 수 있는 ETF가 자녀들에게 자산을 물려주기에 훨씬 깔끔하고 편리하다. 건물은 자녀들에게 나누어 줄 때 복잡한 지분 계산과 높은 증여세가 따르지만, ETF는 필요한 수량만큼씩 떼어줄 수 있어 가족 간의 분쟁 소지도 적다.

결국 내 노후를 지켜주고 자식에게도 부담을 주지 않는 똑똑한 자산은, 관리가 힘든 건물보다 마르지 않는 샘물 같은 ETF 계좌다. 이제 4050 투자자들은 건물주라는 화려한 이름 뒤에 숨겨진 관리의 고통 대신 시스템이 알아서 굴러가는 월배당 ETF의 실속에 주목하고 있다.

배당금은 기업 이익을 나누는
정당한 권리다

배당은 기업의 주인인 주주가 정당하게 누려야 할 이익의 결실이므로, 단기 시세 차익에만 집착하기보다 기업의 성장과 이익을 공유하는 진정한 동업자 의식을 가져야 한다.

많은 초보 투자자들이 배당금을 기업이 베푸는 특별한 선물이나 일종의 보너스 정도로 생각하는 경향이 있다. 하지만 배당은 내가 기업의 주인 중 한 명으로서 그 회사가 벌어들인 이익을 지분에 따라 당연히 돌려받아야 하는 정당한 몫이다.

기업은 주주의 돈을 밑천 삼아 사업을 하고 이익을 냈으므로 그 결실을 주인에게 돌려주는 것이 자본주의의 가장 기본적인 약속이다.

우리가 주식을 사는 행위는 단순히 종이 조각을 사는 것이 아니라 그 기업의 미래와 이익에 대한 권리를 사는 것과 같다. 기업이 공장을 돌리고 물건을 팔아 남긴 현금 중에서 내 지분만큼을 매달 꼬박꼬박 받는 것은 주주가 누리는 핵심적인 권리다.

배당을 꾸준히 주는 기업일수록 주주를 소중히 여기는 건강한 회사이며, 우리는 이런 권리를 당당하게 요구하고 누릴 자격이 충분하다.

일부 사람들은 배당금을 받으면 주가가 그만큼 빠지니 결국 제자리걸음이 아니냐는 의구심을 품기도 한다. 그러나 실력이 뛰어난 우량 기업들은 배당으로 현금을 내주고도 다시 이익을 쌓아 주가를 원래대로 회복시키는 힘을 가지고 있다.

결국 배당은 기업이 성장을 멈춘 증거가 아니라 주주와 함께 결실을 나누며 멀리 가겠다는 의지를 보여주는 가장 확실한 증거라는 사실을 잊지 말아야 한다.

월배당 투자자에게 배당금은 단순한 용돈을 넘어 내 자

산을 지키는 든든한 방어막이자 재투자를 위한 소중한 씨앗이다. 주가가 오르지 않고 지루하게 횡보하는 시장 상황에서도 매달 입금되는 배당금은 투자자로 하여금 인내심을 갖고 장기 투자를 이어가게 돕는 동력이 된다.

기업이 벌어다 주는 이 현금을 차곡차곡 모으는 과정 자체가 내 자산이라는 성벽을 쌓아 올리는 가장 정직하고 확실한 방법이다.

주주 권리가 잘 보장된 미국과 같은 선진 시장에서는 배당을 줄이는 것을 기업 경영의 큰 수치이자 실패로 여길 만큼 배당의 권리를 중요하게 다룬다.

우리나라 역시 점차 주주의 목소리가 커지면서 기업들이 이익을 주주에게 돌려주는 배당 성향이 과거보다 훨씬 강력해지는 추세에 있다.

세상이 변하고 기술이 달라져도 주인이 이익을 나누어 가져야 한다는, 본질적인 원칙은 자본주의가 존재하는 한 결코 변하지 않는 진리다.

이제 투자를 대하는 태도를 주가 상승만을 바라는 도박사에서 기업의 이익을 공유하는 진정한 동업자로 바꿔야 한다. 배당금을 받을 때마다 내가 이 회사의 주인으로서 정당한 대가를 받고 있다는 자부심을 느끼며 나만의 시스템을 키워나가야 한다.

정당한 권리를 챙기는 똑똑한 주주가 많아질수록 시장은 투명해지고, 우리의 노후 자금은 기업의 성장과 발맞추어 더욱 견고하게 자라날 것이다.

단돈 1만 원으로 매달 월세 받는
디지털 건물주가 되자

완벽한 시기를 기다리며 시간을 허비하기보다 지금 당장 소액으로
투자를 시작해 분배금을 재투자함으로써 복리의 마법과
경제적 자유의 기반을 스스로 마련해야 한다.

흔히 월세 받는 시스템을 만들려면 수억 원의 뭉칫돈이 필요하다고 생각하지만, 월배당 ETF는 단돈 1만 원으로도 시작할 수 있다. 시중에는 주당 가격이 1만 원 내외로 형성된 우량한 월배당 상품이 많아 커피 한 잔 값을 아끼면 누구나 즉시 건물주와 같은 권리를 누릴 수 있다.

은퇴 준비를 위해 큰돈이 모일 때까지 마냥 기다리며 시간을 허비하는 대신 지금 당장 가벼운 마음으로 첫 주를 매수해 시스템의 씨앗을 심는 것이 중요하다.

처음 1만 원을 투자해서 받는 배당금은 불과 몇십 원 수준이라 작게 느껴질 수 있지만, 그 본질은 수억 원짜리 건물의 월세와 똑같다. 예를 들어 매달 50원의 배당금을 주는 주식을 한 주 샀다면, 이는 내 노동이 아닌 자본이 스스로 일해서 가져다준 첫 번째 순수익을 경험하는 순간이 된다.

적은 금액이라도 매달 통장에 찍히는 현금을 직접 눈으로 확인하는 경험은, 시스템 투자를 장기적으로 지속하게 만드는 가장 강력한 동기부여가 된다.

안정적인 노후를 꿈꾸는 이들에게 가장 영리한 방법은 매달 정해진 날짜에 기계적으로 한 주씩 수량을 늘려나가는 적립식 투자 전략을 실천하는 것이다. 주가가 오를 때는 내 자산의 가치가 늘어나서 좋고, 주가가 떨어질 때는 같은 1만 원으로 더 많은 수량의 주식을 담을 수 있어 오히려 배당금을 늘리기에 유리하다.

가격의 오르내림에 일희일비하지 않고, 오직 내가 보유한 주식의 총수량을 늘리는 것에만 집중하는 것이 가장 속 편하고 효과적인 투자법이다.

1만 원으로 시작한 작은 눈덩이는 시간이 흐르고 재투자가 반복되면서 무시 못 할 크기로 불어나 경제적 자유라는 선물을 안겨준다. 매달 받는 배당금을 바로 쓰지 않고 다시 주식을 사는 데 보태면, 다음 달에는 더 많은 배당이 들어오는 복리의 마법이 본격적으로 작동하기 때문이다.

작은 돈을 우습게 여기지 않고 꾸준히 시스템에 투입하는 끈기만 있다면, 누구나 은퇴 후에 마르지 않는 월급 통장을 소유할 수 있다.

이론을 공부하는 데 너무 많은 시간을 쓰기보다 일단 한 주라도 사서 배당금이 들어오는 흐름을 직접 몸소 체험해 보는 것이 백 마디 말보다 훨씬 효과적이다.

결국 월세 시스템 구축의 성패는 자금의 크기가 아니라 누가 더 먼저 행동으로 옮겼느냐에 따라 결정된다. 1만 원이라는 낮은 문턱을 넘는 순간 당신은 이미 노동의 굴레에서 벗어나 자본가의 길로 들어선 셈이나 다름없다.

월배당 ETF,
무엇보다 안전한 투자 대안이다

수많은 우량 기업을 하나의 바구니에 나누어 담아 분산 효과를 극대화하는
ETF는 개별 기업의 위험을 방어하고, 국가가 법으로 관리하는
제도적 안전장치까지 갖춘 최고의 투자 대안이다.

투자가 처음인 사람들에게 주식은 자칫 모든 재산을 잃을 수도 있는 위험한 도박처럼 느껴지기 마련이다. 하지만 월배당 ETF는 수많은 기업을 하나의 바구니에 나누어 담아 관리하므로 특정 회사가 문을 닫더라도 내 자산 전체가 증발할 위험이 거의 없다.

개별 주식이 폭풍우에 흔들리는 작은 돛배라면, ETF는 수만 명을 태우고 안정적으로 항해하는 거대한 항공모함과 같아 심리적으로 훨씬 안정적이다.

실제로 한 종목에만 투자했을 때는, 그 회사의 실적이나 경영진의 실수에 따라 내 돈의 운명이 결정되는 불안함을 견뎌야 한다. 반면 월배당 ETF는 설령 한두 기업의 성적이 나쁘더라도 나머지 수십 개의 우량 기업들이 서로의 부족함을 메우며 전체적인 균형을 잡아준다.

이러한 분산 효과 덕분에 시장의 큰 변동 속에서도 내 자산을 지켜낼 확률이 높아지며, 이는 은퇴 자금을 운용해야 하는 이들에게 최고의 안전장치가 된다.

주식 투자 초보자일수록 종목을 고르는 안목보다 시장 전체의 성장력을 믿는 투자 방식이 훨씬 유리하다. 월배당 ETF는 운용사의 전문가들이 알아서 부실한 기업은 걸러내고 성장성이 높은 기업들을 새롭게 채워넣으며 포트폴리오를 관리해준다.

내가 일일이 재무제표를 분석하거나 매일 뉴스를 챙겨보지 않아도 시스템이 알아서 내 돈을 안전한 곳으로 옮겨주니, 투자 스트레스가 획기적으로 줄어든다.

배당이라는 실체가 매달 통장에 찍힌다는 사실은 하락장

에서도 투자를 포기하지 않게 만드는 강력한 심리적 방어선 역할을 한다. 주가가 잠시 떨어지더라도 매달 꼬박꼬박 들어오는 현금 흐름을 확인하면 공포에 질려 자산을 헐값에 파는 실수를 저지르지 않게 된다.

오히려 주가가 낮아진 시기에는 같은 배당금으로 더 많은 주식을 살 수 있다는 긍정적인 사고의 전환이 가능해져 장기 투자에 성공할 확률이 높아진다.

ETF는 국가가 법으로 엄격히 관리하는 금융 상품이라는 점도 초보 투자자들이 안심하고 자산을 맡길 수 있는 중요한 근거가 된다. ETF는 운용사가 망하더라도 투자자의 돈이 별도의 신탁 기관에 안전하게 보관되도록 제도가 마련되어 있어 내 돈이 증발할 걱정은 하지 않아도 된다.

부동산이나 개인 간의 거래처럼 사기의 위험에 노출될 우려가 적고, 언제든 나라에서 공인한 시장을 통해 정당한 가격에 현금화할 수 있다는 점이 가장 큰 매력이다.

결국 월배당 ETF는 안정적인 수익을 원하면서도 손실의 공포에서 벗어나고 싶은 이들에게 최적화된 투자 대안이다. 세상에 위험이 전혀 없는 투자는 존재하지 않지만, 그 위험을 가장 영리하게 관리하고 통제하는 방법이 바로 이 상품에 담겨 있다.

막연한 두려움 때문에 노후 준비를 미루는 대신 시스템이 제공하는 안전한 울타리 안에서 내 자산이 스스로 자라날 수 있도록 지금 당장 시작해야 한다.

돈이 나를 따라오게 하는 시스템을
월배당 ETF로 구축하자

자산의 평가액보다 매달 내 손에 쥐어지는 분배금의 크기에 집중하는
발상의 전환을 통해, 어떤 시장의 풍파 속에서도 흔들리지 않고
자본이 스스로 일하게 만드는 경제적 자유를 완성한다.

많은 이들이 주가가 오를 때만 수익이 난다고 믿으며 매일같이 차트를 들여다보느라 일상의 평온을 잃어버리곤 한다. 하지만 은퇴 이후의 삶을 지탱하는 진짜 힘은 내 자산의 장부상 가격이 아니라 당장 내 주머니에 들어오는 현금의 크기에서 나온다.

자산의 가격은 시장 상황에 따라 춤을 추지만 꾸준히 발생하는 현금 흐름은 어떤 풍파 속에서도 삶을 유지하게 만드는 실질적인 생명줄이 된다.

주가가 오르기만을 기다리는 투자는, 내 자산을 팔아서 현금을 마련해야 하는 순간에 시장이 하락장이라면 큰 손해를 감수해야 하는 위험이 있다. 반면 월배당 ETF는 자산을 팔지 않고도 매달 일정한 수익을 얻을 수 있어 주가 등락에 상관없이 안정적인 생활을 영위하도록 돕는다.

심리적인 측면에서도 매달 꽂히는 현금은 투자자가 시장의 소음이나 일시적인 폭락에 흔들리지 않고, 장기 투자를 이어가게 만드는 강력한 버팀목이 된다. 가격이 떨어져도 배당금이 입금되는 것을 확인하면 자산을 헐값에 넘기려는 조급함이 사라지고, 오히려 저가 매수의 기회로 삼는 여유가 생긴다.

결국 투자의 성패는 기술이 아니라 멘탈에서 결정되며, 꾸준한 현금 흐름은 그 멘탈을 가장 견고하게 지켜주는 최고의 방패 역할을 수행한다.

수익률을 계산하는 방식 역시 시세 차익 중심에서, 내가 매수한 가격 대비 배당 수익률을 따지는 방식으로 전환할 때 투자의 본질이 보이기 시작한다.

주가가 낮아진 시기에 수량을 늘려놓으면 나중에 주가가 회복되었을 때, 내 계좌의 실질적인 배당 수익률은 처음보다 비약적으로 높아지게 된다.

시간이 흐를수록 내 자산이 스스로 돈을 벌어다 주는 능력이 커지는 것을 지켜보는 과정은 단순한 숫자 놀음보다 훨씬 더 큰 성취감을 안겨준다.

실제로 은퇴 이후에는 소득이 끊기기 때문에 자산의 평가 금액이 아무리 높아도 당장 쓸 현금이 부족하면 삶의 질이 급격히 떨어지는 자산가의 빈곤에 빠질 수 있다. 월배당 ETF는 이러한 현금 부족 문제를 사전에 막으며 생활비 걱정 없이 자아실현이나 여가 생활에 집중할 수 있는 진정한 자유를 선물한다.

돈을 쫓아가는 투자에서 돈이 나를 따라오게 만드는 투자로 체질을 바꾸는 것이 남은 인생을 풍요롭게 만드는 핵심 비결이다.

결국 우리가 투자를 하는 진짜 목적은 숫자를 불리는 것이 아니라, 그 숫자를 통해 얻는 자유롭고 평안한 시간임을 잊지 말아야 한다.

주가 상승은 시장이 주는 보너스라고 생각하고 매달 들어오는 현금 흐름을 키우는 것에 모든 에너지를 집중하는 발상의 전환이 필요하다.

마르지 않는 샘물을 가진 사람은 가뭄을 두려워하지 않듯이, 든든한 현금 흐름을 확보한 투자자는 시장의 어떤 위기 앞에서도 당당하게 미소 지을 수 있다.

은퇴 후의 삶을 지탱하는 것은 국가의 연금이 아니라, 스스로 구축한 월배당 ETF 시스템에서 나오는 현금 흐름이다. 자산군별 배분과 세금 및 환율 관리를 통해 인플레이션과 시장 변동성을 방어하고, 배당 재투자와 자동화 시스템을 통해 노동 소득을 완전히 대체해야 한다. 고분배와 배당성장의 균형을 맞추며 원금을 보존하는 전략을 체계적으로 실천할 때, 비로소 죽을 때까지 월급을 받는 최고의 포트폴리오를 완성할 수 있다.

2장

은퇴 후 국민연금보다 월배당 ETF로 사는 법

은퇴 후,
국민연금보다 월배당 ETF가 더 낫다

국민연금은 최소한의 안전장치일 뿐이며,
은퇴 후 삶의 질을 결정짓는 것은
스스로 구축한 배당 엔진에서 발생하는 지속적인 현금 흐름이다.

은퇴 후 국민연금은 최소한의 안전장치일 뿐, 삶의 질을 결정짓는 것은 스스로 구축한 배당 엔진이다. 이제 배당 트렌드는 단순 고배당주에서 '배당 성장주'와 '위기 방어형 채권'의 정교한 조합으로 이동하고 있다. 무작정 높은 배당률만 쫓지 말고, 배당금이 매년 물가 상승률 이상으로 성장하는지 확인하는 것이 은퇴 설계의 핵심이다.

성공적인 시스템의 첫 단추는 구체적인 '월 현금 목표'를 정하는 것이다. 단순히 "많이 벌면 좋다"는 식의 계획은 거의 실패한다.

은퇴 후 월 생활비가 300만 원이라면, 세후 배당으로 350만 원을 확보하겠다는 명확한 숫자를 세워야 한다. 이 목표액을 달성하기 위해 필요한 자산 규모를 계산하고, 지금부터 매달 얼마를 적립식으로 투자할지 시스템화하는 것이 모든 설계의 시작이다.

안정성을 위해 '배당률'보다 '배당 지속성'을 봐야 한다. 예를 들어 배당률이 8%라도 매년 배당이 깎이는 기업보다는, 배당률은 3%지만 매년 10%씩 배당을 늘려주는 기업이 10년 뒤에 압도적인 현금 흐름을 제공한다. 지속성은 기업의 이익 잉여금에서 나오므로, 무리한 고배당보다는 안정적인 성장을 택하는 기업이 은퇴자의 노후를 지켜준다.

주식형과 채권형 자산은 반드시 혼합해야 한다. 주식형 배당주는 자산의 덩치를 키우고 인플레이션을 방어하지만, 시장 위기 시 변동성이 크다. 이때 채권형 자산은 안전판 역할을 하며 매달 꾸준한 이자를 제공한다. 7대 3 정도의 비율로 두 자산을 섞으면, 어떤 경제 위기 상황에서도 매달 목표로 한 현금 흐름이 중단 없이 발생한다.

세금과 환율은 수익률을 깎아먹는 숨은 복병이다. ISA나 연금저축펀드 같은 절세 계좌를 최우선으로 활용해 15.4%의 세금을 아끼는 것은 수익률 1%를 올리는 것과 비슷하다.

또한 달러 기반 자산과 국내 원화 자산을 적절히 섞어 환율 변동성까지 통제해야 한다. 세금과 환율을 계산하지 못한 투자는 결국 실질적인 소득을 갉아먹는다.

마지막으로, '자동 인출 시스템'을 만들어 흔들리지 말라. 시장이 급락할 때 투자를 포기하고 싶더라도, 매달 정해진 날짜에 배당금을 인출해 생활비로 쓰고, 나머지는 기계적으로 재투자하는 루틴을 유지하라.

원금을 지키는 배분이 수익률보다 우선한다. 이 시스템을 기계적으로 운영할 때, 여러분은 연금 없이도 평생 월급을 받는 은퇴 생활을 완성할 수 있다.

월배당 ETF의
배당 투자 트렌드 변화를 먼저 예측하라

배당 투자 시장은 전통적인 산업에서 기술 기반의 성장주로
이동하고 있으므로, 변화하는 산업 구조와 고령화 추세에 맞춰
자동화된 포트폴리오를 구성해야 한다.

이제 배당 투자 시장은 전통적인 에너지나 금융주 중심에서 '기술 기반의 배당 성장주'로의 이동이 가속화된다. 과거에는 통신이나 유틸리티 같은 종목들이 배당의 대명사였으나, 이제는 인공지능 인프라와 디지털 전환에 성공한 기업들이 새로운 배당 귀족주로 떠오른다.

투자자는 시가 배당률만 높은 낡은 산업군에 머무르지 말고, 기술 변화로 현금 흐름이 폭발적으로 늘어나는 새로운 산업군을 선제적으로 포착해야 한다.

블록체인과 스마트 컨트랙트 기반의 배당 지급 시스템이 도입되면서 배당의 효율성이 극대화된다. 기존의 분기나 반기 단위의 지급 주기에서 벗어나 월간이나 주간 단위의 배당이 표준으로 자리 잡을 가능성이 높다.

이제는 배당을 얼마나 자주 받아 재투자 속도를 올리느냐가 수익률의 차이를 만드는 핵심 변수가 된다. 지급 주기가 짧아질수록 복리 효과는 더 강력하게 작동한다.

탄소 중립과 지배구조 투명성을 요구하는 ESG 기준이 배당 정책에 직접적인 영향을 미치기 시작한다. 사회적 책임을 다하지 못하는 기업은 제도적 제약을 받아 배당 성장을 유지하기 어려운 환경이 조성된다.

미래의 배당주는 수익성뿐만 아니라 지속 가능성까지 검증받은 기업들이 독점하는 구조로 바뀐다. 따라서 ESG 점수가 높고, 사회적 가치를 창출하는 기업이 장기적으로 더 큰 배당을 지급할 확률이 높다.

고령화 사회가 심화되면서 전 세계적으로 안정적인 현금 흐름을 원하는 수요가 폭발적으로 늘어나고 있다. 단순한 주식 배당보다는 주식과 채권, 원자재 비중을 자동으로 조절하는 AI 기반의 로보어드바이저 배당 ETF가 자산의 핵심으로 자리 잡을 것이다. 또한 인구 구조의 변화에 맞춰 자산 배분이 자동화된 하이브리드형 상품이 퇴직연금 시장의 주류가 될 것이다.

기술 기반 배당주로의 포트폴리오 재편은 선택이 아닌 생존을 위한 필수 전략이다. 데이터 센터 리츠나 인프라 관련 배당주와 같이 향후 10년간 확실한 배당 성장이 예상되는 산업군에 비중을 높여야 한다. 변화를 거부하는 종목은 과거의 유물로 남겨두고, 새로운 산업의 성장 과실을 배당으로 돌려주는 주체를 선점하는 것이 중요하다.

이제 단순한 종목 선택을 넘어 산업의 생애주기를 읽는 정교한 통찰을 요구한다. 오늘 보유한 종목들이 10년 뒤에도 여전히 이익을 낼 수 있을지 끊임없이 질문하며 포트폴리오를 점검해야 한다.

시대 변화에 맞춰 자산 배분을 선제적으로 수정하는 원칙이야말로 배당 수익을 지키는 유일한 생존법이다.

은퇴 후 필요한
월 현금 목표를 먼저 정하라

막연한 노후 불안을 해소하기 위해서는 세후 실수령액을
기준으로 구체적인 목표 월 현금액을 산정하고,
이를 달성하기 위한 자산 규모와 투자 계획을 수립해야 한다.

은퇴를 앞두고 "돈이 얼마나 있어야 할까"라는 막연한 불안감에 시달리는 투자자가 많다. 하지만 막연한 걱정은 계획이 될 수 없다. 은퇴 설계의 첫 단추는 국민연금을 제외하고, 내가 직접 구축한 배당 엔진에서 매달 얼마를 뽑아 써야 하는지 구체적인 숫자로 확정하는 것이다.

생활비를 넘어 의료비와 경조사비까지 포함한 '월 필요 현금액'을 산정하는 것부터가 진짜 노후 준비의 시작이다.

목표를 정할 때는 반드시 '세후 실수령액'을 기준으로 계산해야 한다. 배당 소득세 15.4%와 건강보험료 추가 부담 등을 감안하지 않고, 배당금을 계산하면 은퇴 후 예상보다 적은 돈에 당황하게 된다.

만약 월 300만 원의 실질 소득이 필요하다면, 세금을 떼고도 그 금액이 보존될 수 있도록 목표액을 최소 350만 원 이상으로 잡아야 오차를 줄일 수 있다.

이제 목표액을 달성하기 위한 '자산 규모'를 역산해보라. 예를 들어 배당 수익률 4%를 가정할 때 월 350만 원(연 4,200만 원)을 받으려면, 약 10억 5천만 원의 자산이 필요하다. 10억원이라는 숫자가 크다고 포기하지 마라.

은퇴까지 남은 기간을 역산해, 지금부터 매달 얼마를 적립식으로 투자할지 구체적인 실행 계획을 세우면 10억 원이라는 거대한 벽도 정복할 수 있는 숫자로 변한다.

자산 규모를 키우는 가장 확실한 방법은 '배당 재투자'와 '시간'의 결합이다. 초기에 1억 원을 모으는 데는 시간이 걸리지만, 자산이 커질수록 받는 배당금 자체가 늘어나 복리의 가속도가 붙는다.

은퇴까지 시간이 여유롭다면 초기에는 배당 성장주 위주로 자산의 덩치를 키우고, 은퇴가 가까워질수록 현금 흐름을 안정화하는 고배당주로 비중을 옮기는 유연한 로드맵이 필요하다.

목표 금액은 시간이 흐름에 따라 상향 조정되어야 한다. 물가 상승률을 반영하지 않은 목표는 10년 뒤의 노후를 지켜주지 못한다. 매년 물가 상승률만큼 목표 배당금을 3%씩 높여 잡는 것이 필요하다.

오늘 정한 목표가 350만 원이라면, 5년 뒤에는 400만 원, 10년 뒤에는 450만 원이 되도록 배당 성장률이 높은 종목을 포트폴리오에 의도적으로 섞어두어야 한다.

오늘 당장 통장에 찍혀야 할 숫자를 적고, 현재 내가 보유한 자산이 그 목표의 몇 %를 달성했는지 확인하라. 목표가 명확해지면 막연한 불안은 사라지고, 매달 적립식으로 배당주를 사 모으는 일상이 즐거워진다. 여러분의 배당 시스템은 그 방향을 향해 매달 차곡차곡 쌓이며 견고하게 완성될 것이다.

분배율(배당률)이 아니라
배당의 지속성을 보라

당장의 높은 분배율에 현혹되지 말고, 기업의 잉여 현금 흐름과
분배금 변동 추이를 확인해 10년 뒤에도 지속적으로
분배금을 늘려갈 수 있는 우량 ETF를 선택해야 한다.

초보 투자자가 가장 흔히 범하는 실수는 월배당 ETF를 고를 때 현재의 분배율(배당률)만 보는 것이다. 당장 연 8%를 준다는 말에 현혹되지만, ETF가 추종하는 기초 자산의 체력이 약해지면 1년 뒤 분배금은 반토막이 난다.

은퇴자가 선택해야 할 가치는 '지금 얼마를 주느냐'가 아니라 '앞으로 10년 뒤에도 시장의 파도를 견디며 분배금을 안정적으로 지급할 수 있는 ETF인가'이다.

월배당 ETF의 지속성을 판단하는 첫 번째 지표는 '기초 지수의 구성 종목 퀄리티'다. ETF는 결국 그 안에 담긴 종목들의 집합체다. ETF가 담고 있는 기업들이 벌어들이는 '잉여 현금 흐름'이 풍부해야 분배금의 재원이 마르지 않는다.

벌어들인 현금을 모두 쥐어짜서 배당으로 주는 ETF는 물가 상승이나 경기 침체가 닥치면 즉시 분배금을 삭감한다. 반면, 현금 창출 능력이 검증된 우량주 위주로 구성된 ETF는 불황에도 분배금을 지킬 방어 기제가 확실하다.

'분배금 변동 추이'를 반드시 확인하라. 분배율이 갑자기 급등했다면 경고 신호다. 기초 자산의 수익성이 악화되자 투자자를 유인하기 위해 무리하게 분배율을 올린 경우일 수 있다. 반대로 기초 자산의 이익이 꾸준히 성장하며, 분배금도 함께 늘어나는 ETF는 '배당 성장'의 선순환을 증명한다. 이런 상품들은 시간이 지날수록 원금 대비 분배 수익률이 높아지는 노후의 든든한 연금이 된다.

실전 사례를 비교해 보자. 무리한 파생상품 운용으로 고분배를 내세운 ETF A는 시장이 흔들리자마자 분배금을 절반으로 깎았다. 반면, 미국 배당 성장주 지수를 추종하는

ETF B는 처음에는 분배율이 3% 수준이었으나, 매년 분배금을 8%씩 늘려 10년 뒤에는 초기 투자 원금 대비 10% 이상의 현금 흐름을 만들어냈다.

지금 통장에 꽂히는 돈보다, 매년 분배금의 몸집이 커지는 성장형 ETF가 노후를 더 풍요롭게 만든다.

최소 10년 이상 단 한 번도 분배금을 줄이지 않고 늘려온 배당 성장 지수나 배당 귀족 지수를 추종하는 ETF 리스트를 확인하라. 분배금을 삭감하지 않았다는 사실은, 그 ETF가 담고 있는 기초 자산의 펀더멘털이 단단하고, 운용 전략이 시장 위기를 통과할 만큼 안정적이라는 증거다.

고분배라는 달콤한 미끼를 뿌리치고 묵묵히 분배금을 늘려가는 성장형 월배당 ETF를 찾아내라.

포트폴리오를 펼쳐놓고, 최근 5년간 분배금이 줄어든 적이 있는 ETF를 골라내라. 만약 분배금이 들쭉날쭉하다면, 그 자산은 노후를 맡길 만한 파트너가 아니다. 분배의 지속성은 여러분의 노후 현금 흐름을 지켜주는 가장 정직하고 확실한 방패가 될 것이다.

주식형 ETF와 채권형 ETF를
함께 가져가라

변동성을 방어하고 노후의 평온함을 지키기 위해
자산 간 상관관계가 낮은 주식형 ETF와 채권형 ETF를 적절히 혼합해
위기 상황에서도 흔들림 없는 현금 흐름을 만들어야 한다.

은퇴 자산 운용에서 가장 큰 적은 수익률이 아니라 '변동성'이다. 시장이 30% 폭락할 때 주식형 월배당 ETF만 100% 보유한 투자자는 공포를 이기지 못하고 저점에서 자산을 모두 던지는 실수를 범할 수 있다.

이때 포트폴리오의 30~40%를 국채 기반의 채권형 ETF로 채워두면, 주식형 ETF의 급락분을 채권형 ETF가 상쇄하며 계좌 전체의 흔들림을 효과적으로 방어할 수 있다. 채권형 ETF는 노후의 평온함을 지켜주는 가장 정직한 완충재다.

주식형 ETF와 채권형 ETF를 함께 가져가야 하는 이유는 자산 간의 '음의 상관관계' 때문이다. 경제 위기가 닥치면 주식형 ETF는 폭락하지만, 안전 자산 선호 심리로 인해 국채 ETF의 가격은 오히려 상승하는 경향이 있다.

2020년 팬데믹 급락장 당시, 주식형 ETF만 보유한 투자자는 자산이 크게 녹아내렸지만, 주식형 ETF 60%와 채권형 ETF 40%를 섞은 투자자는 훨씬 적은 하락 폭으로 원금을 빠르게 회복했다.

주식형 ETF가 벌어다 준 수익을, 채권형 ETF가 지켜주는 구조가 은퇴자의 필수 전략이다.

실전에서는 자신의 연령과 위험 수용도에 따라 '주식형 ETF 6 : 채권형 ETF 4' 혹은 '주식형 ETF 5 : 채권형 ETF 5'의 비율을 유지하는 것이 좋다.

여기서 채권형 ETF는 단순히 은행 예금과는 다르다. 미국 국채 ETF나 우량 회사채 ETF를 활용해 매달 이자 수익을 배당처럼 챙기면서, 금리 인하기에는 채권 가격 상승으로 인한 자본 차익까지 기대할 수 있다. 채권형 ETF는 노후 현금 흐름을 멈추지 않게 돕는 '윤활유'와 같다.

주식형과 채권형 ETF의 비중을 맞추는 '리밸런싱'은 수익을 극대화하는 핵심이다. 주가가 올라 주식형 ETF 비중이 70%로 커졌다면, 오른 주식을 일부 팔아 가격이 낮아진 채권형 ETF를 사는 방식이다.

이 기계적인 리밸런싱을 수행하면 강제로 '비싸게 팔고 싸게 사는' 행위가 반복되며, 포트폴리오의 위험을 자동으로 분산할 수 있다. 리밸런싱은 감정을 배제하고 숫자에만 집중하는 은퇴자의 가장 강력한 무기다.

개별 ETF 관리가 어렵다면 최근 출시된 '멀티 에셋 월배당 ETF'를 활용하라. 이는 주식형 배당 ETF와 채권형 ETF를 하나의 상품 안에 묶어 운용하기 때문에, 투자자가 직접 비중을 조절하지 않아도 자동으로 자산 비율을 맞춰준다.

어떤 위기가 와도 내 포트폴리오가 무너지지 않도록, 두 개의 바퀴를 모두 튼튼하게 점검하고 운용하는 것이 은퇴 생활의 안정성을 보장한다.

바로 내 포트폴리오의 주식형과 채권형 ETF 비중을 점검하라. 주식형 ETF만 있다면 다가올 폭락장에서 잠을 설치게 될 것이고, 채권형 ETF만 있다면 물가 상승을 이기지 못해 노후가 가난해질 것이다.

적절한 자산 배분은 수익을 쫓는 도박이 아니라, 평생 동안 흔들림 없이 매달 현금 흐름을 만들어내기 위한 가장 정교한 미래를 위한 설계다.

세금과 환율을 계산한 뒤
월배당 ETF에 투자하라

분배금에 부과되는 세금과 환율 변동성을 효과적으로 관리하기 위해
절세 계좌를 최우선으로 활용하고, 달러 자산과 원화 자산을
전략적으로 분산해 실질 수익률을 극대화해야 한다.

분배금에 부과되는 세금과 환율 변동성을 효과적으로 관리하기 위해 절세 계좌를 최우선으로 활용하고, 달러 자산과 원화 자산을 전략적으로 분산해 실질 수익률을 극대화해야 한다.

은퇴 자산 운용에서 세금 15.4%를 아끼는 것은 수익률 1%를 공짜로 올리는 것과 같다. 월배당 ETF에서 발생하는 분배금에 붙는 배당소득세는 복리 효과를 갉아먹는 가장 큰 적이다. 따라서 ISA(개인종합자산관리계좌), 연금저축펀드, IRP(개인형 퇴직연금)와 같은 절세 계좌를 최우선으로 활용해야 한다.

이 계좌들은 분배금에 대한 세금을 당장 떼지 않고 과세 이연해주거나 비과세 혜택을 주어, 그만큼의 돈이 계좌 안에서 즉시 재투자되도록 돕는다. 10년 뒤 전체 자산 규모를 결정짓는 핵심 차이는 바로 이 '세금의 통제'에서 발생한다.

환율은 미국에 상장된 월배당 ETF에 투자하는 은퇴자가 반드시 관리해야 할 변수다. 달러 기반의 월배당 ETF는 원화 가치가 떨어질 때 내 자산의 가치를 지켜주는 훌륭한 환헤지 수단이 된다.

예를 들어 환율이 급등할 때 미국 배당 ETF의 주가가 소폭 하락하더라도 환차익이 손실을 상쇄해 전체 계좌의 원화 가치는 안정적으로 유지된다. 반대로 환율이 떨어질 경우를 대비해, 일정 비중은 한국 시장에 상장된 월배당 ETF나 리츠와 섞어 환율 등락에 따른 변동성을 중화시켜야 한다.

환율 전략의 핵심은 '분할 환전' 혹은 '자동 환전'이다. 환율이 1,400원대일 때 몰아서 환전하기보다, 매달 들어오는 분배금을 필요한 만큼만 달러로 바꿔 재투자하라. 이는 평균 환전 단가를 낮추는 효과가 있으며, 매달 시장 상황에 맞게 자산을 분산 투자하는 기계적인 루틴을 만든다.

은퇴자는 환율을 예측하려 하지 말고, 정해진 날짜에 규칙적으로 환전하는 시스템으로 변동성을 통제해야 한다.

세금 효율을 극대화한 실전 사례를 보자. 1억 원의 월배당 ETF 자산을 일반 계좌에서 굴리면 매번 분배금을 받을 때마다 세금을 내느라 재투자 규모가 줄어든다. 하지만 연금저축펀드에서 운용하면 세금을 내지 않고 분배금 전액을 재투자할 수 있어, 10년 뒤 자산 규모가 일반 계좌보다 20% 이상 커지는 효과가 나타난다.

은퇴 전에는 반드시 세금 효율이 높은 계좌를 먼저 채우고, 그 안에서 환율 변동성을 방어할 수 있는 월배당 ETF의 비중을 맞추는 것이 투자 순서다.

은퇴 후에는 금융소득종합과세를 피하는 지혜가 필요하다. 연간 분배 소득을 포함한 금융 소득이 2천만 원을 초과하면 세율이 급격히 높아질 수 있다. 이를 방지하려면 분배금을 연금 계좌로 인출 시기를 조절하거나, 배우자 등 가족 구성원에게 자산을 분산하는 기술이 필요하다. 세금은 아는 만큼 남는 돈이다.

이제 내 ETF가 어떤 계좌에 담겨 있는지 확인하자. 일반 계좌에만 모든 월배당 ETF가 있다면, 당장 절세 계좌로의 이전 계획을 세워야 한다.

세금과 환율이라는 비용을 통제하는 것, 이것이야말로 수익률보다 먼저 챙겨야 할 은퇴 투자자의 기본이다. 분배금에서 새어 나가는 세금을 막고 환율의 파도를 타며 자산의 실질 가치를 지켜낼 때, 노후를 지탱할 현금 흐름은 비로소 완성된다.

월배당 ETF 포트폴리오,
원금 보존이 더 중요하다

은퇴 자산은 한번 잃으면 복구하기 어렵기 때문에
고수익을 쫓기보다 자산군별 분산과 비중 제한을 통해 시장 하락기에도
원금을 지키는 방어적인 포트폴리오를 운용해야 한다.

은퇴 자산 운용의 성패는 단기간에 수익률 10%를 달성했느냐가 아니라, 시장이 하락할 때 내 포트폴리오의 원금을 얼마나 견고하게 방어하느냐에 달려 있다.

흔히 수익률 숫자에만 집착하지만, 은퇴자에게는 '생존율'이 훨씬 중요하다. 원금을 50% 잃으면 이를 다시 회복하기 위해서는 무려 100%의 수익이 필요하다.

따라서 고수익을 쫓아 변동성이 큰 단일 테마 ETF에 집중하기보다, 어떤 하락장에서도 자산이 무너지지 않도록 설계하는 '방어적 배분'이 모든 전략의 시작이다.

원금을 지키기 위한 첫 번째 원칙은 '테마 및 자산군별 분산'이다. 월배당 ETF라도 미국 고배당주, 커버드콜, 국채, 리츠, 인프라 등 서로 다른 움직임을 보이는 자산군에 골고루 자산을 나누어 담아야 한다.

예를 들어 경기 침체가 오면 주식형 ETF는 하락하지만, 국채 기반 ETF는 견고함을 유지하는 경우가 많다. 특정 ETF의 기초 자산이 흔들려 분배금이 줄더라도, 전체 포트폴리오의 월 현금 흐름이 멈추지 않도록 상관관계가 낮은 ETF들로 겹겹이 방어막을 쳐야 한다.

비중 제한 또한 빼놓을 수 없는 안전장치다. 하나의 ETF에 자산의 10% 이상을 투자하는 것은 은퇴자에게는 위험한 도박이다. 아무리 운용 보수가 낮고 이름 있는 ETF라도, 기초 지수의 구성 종목 변화나 운용상의 이슈로 인해 예기치 않게 위기를 맞을 수 있기 때문이다.

월배당 ETF당 비중을 철저히 제한하고, 특정 테마가 전체 포트폴리오의 20%를 넘지 않도록 관리하는 기계적인 원칙이 노후 자산의 붕괴를 막는 강력한 방법이다.

수익률을 높이려는 욕심을 버리고 '포트폴리오의 질'에 집중하라. 고분배를 약속하며 원금을 위협하는 고위험 파생형 ETF보다는, 장기간 검증된 배당 성장 지수를 추종하는 우량 ETF 위주로 포트폴리오를 구성해야 한다.

은퇴 자산의 목표는 '부자가 되는 것'이 아니라 '가난해지지 않는 것'이다. 원금이라는 기반이 튼튼해야 매달 안정적인 분배금이라는 열매가 계속 열릴 수 있음을 명심하라.

잘 설계된 월배당 ETF 배분 전략은 시장이 흔들려도 포트폴리오 전체가 무너지지 않도록 돕는다. 시장 폭락기에도 내 계좌에 분배금이 꼬박꼬박 입금되는 것을 눈으로 확인하면, 공포 속에서도 투자를 지속할 수 있는 심리적 여유가 생긴다.

지금 내 포트폴리오를 점검하고, 특정 테마나 ETF에 자산이 지나치게 쏠려 있지 않은지 확인하라. 만약 특정 월배당 ETF가 자산의 20%를 넘는다면 즉시 분산하라. 안전하게 자산을 나누어 담는 것, 그것이 무적의 월배당 시스템을 유지하는 핵심 비결이다.

감정에 휘둘리지 않는
자동화 시스템을 구축하라

시장의 소음과 공포에 따른 감정적 실수를 차단하기 위해
분배금 인출과 추가 매수가 자동으로 이루어지는 시스템을 구축해
평온한 은퇴 생활을 영위해야 한다.

은퇴자의 가장 큰 적은 외부 경제 환경이 아니라 자신의 '감정'이다. 시장이 급락할 때 투자자의 뇌는 공포를 느끼고, 저점에서 월배당 ETF를 매도하라는 신호를 보낸다. 이를 방지하는 가장 확실한 방법은 투자자가 직접 판단할 기회를 원천 차단하는 것이다.

매달 정해진 날짜에 분배금을 자동으로 인출하고, 남는 자금은 기계적으로 재투자하는 시스템을 구축하면 시장의 등락과 상관없이 흔들리지 않는 평온함을 유지할 수 있다.

자동 시스템의 핵심은 '월 분배금의 목적지'를 미리 나누는 것이다. 한 달 동안 들어온 분배금을 두 개의 바구니로 나누어라. 첫 번째 바구니는 생활비로 쓰는 '출금용 계좌'이고, 두 번째 바구니는 우량 월배당 ETF를 추가 매수하는 '재투자 계좌'다.

생활비가 부족하다고 분배금을 전부 써버리면 자산의 성장은 멈춘다. 이 두 바구니의 비율을 처음에 7대 3 정도로 정하고 매달 기계적으로 실행하라.

증권사의 '자동 매수' 기능을 적극 활용하라. 매월 특정 날짜에 특정 월배당 ETF가 자동으로 매수되도록 설정해두면, 투자자가 직접 호가창을 들여다보며 고민할 이유가 사라진다.

매수는 가장 저렴할 때도, 가장 비쌀 때도 일어날 것이다. 하지만 장기적으로 보면 이 방식이 평균 단가를 낮추는 '코스트 에버리지 효과'를 극대화한다. 시스템은 실수하지 않지만, 사람은 언제나 감정적 실수에 노출되어 있다.

시장이 공포에 질려 있을 때가 오히려 시스템의 진가가

발휘되는 순간이다. 다른 사람들은 공포에 질려 ETF를 팔아치울 때, 여러분의 자동 매수 시스템은 묵묵히 싼 가격에 우량 ETF를 더 많이 쓸어 담는다.

시장이 회복될 때 여러분의 계좌는 남들보다 훨씬 더 빠르게 불어나 있을 것이다. 감정을 거세한 기계적인 운용이야말로 은퇴자가 시장의 폭풍우를 견뎌내는 최고의 무기다.

자동 시스템을 실천할 때는 '인출 가이드라인'을 명확히 하라. 평소에는 분배금의 70%를 생활비로 쓰되, 시장이 10% 이상 급락할 때는 인출 금액을 줄이고 재투자 비율을 높이는 식으로 상황별 매뉴얼을 작성하라.

이렇게 정해진 규칙대로 움직이는 것이 은퇴자의 노후를 지키는 진짜 전문성이다. 규칙은 지키기 위해 있는 것이 아니라, 위기 속에서 나를 보호하기 위해 있는 것이다.

시장의 소음에서 벗어나 오직 나만의 월배당 시스템을 믿고 나아가는 것, 이것이야말로 국민연금 없이도 평생 월급을 받는 무적의 은퇴 생활을 완성하는 마지막 열쇠다.

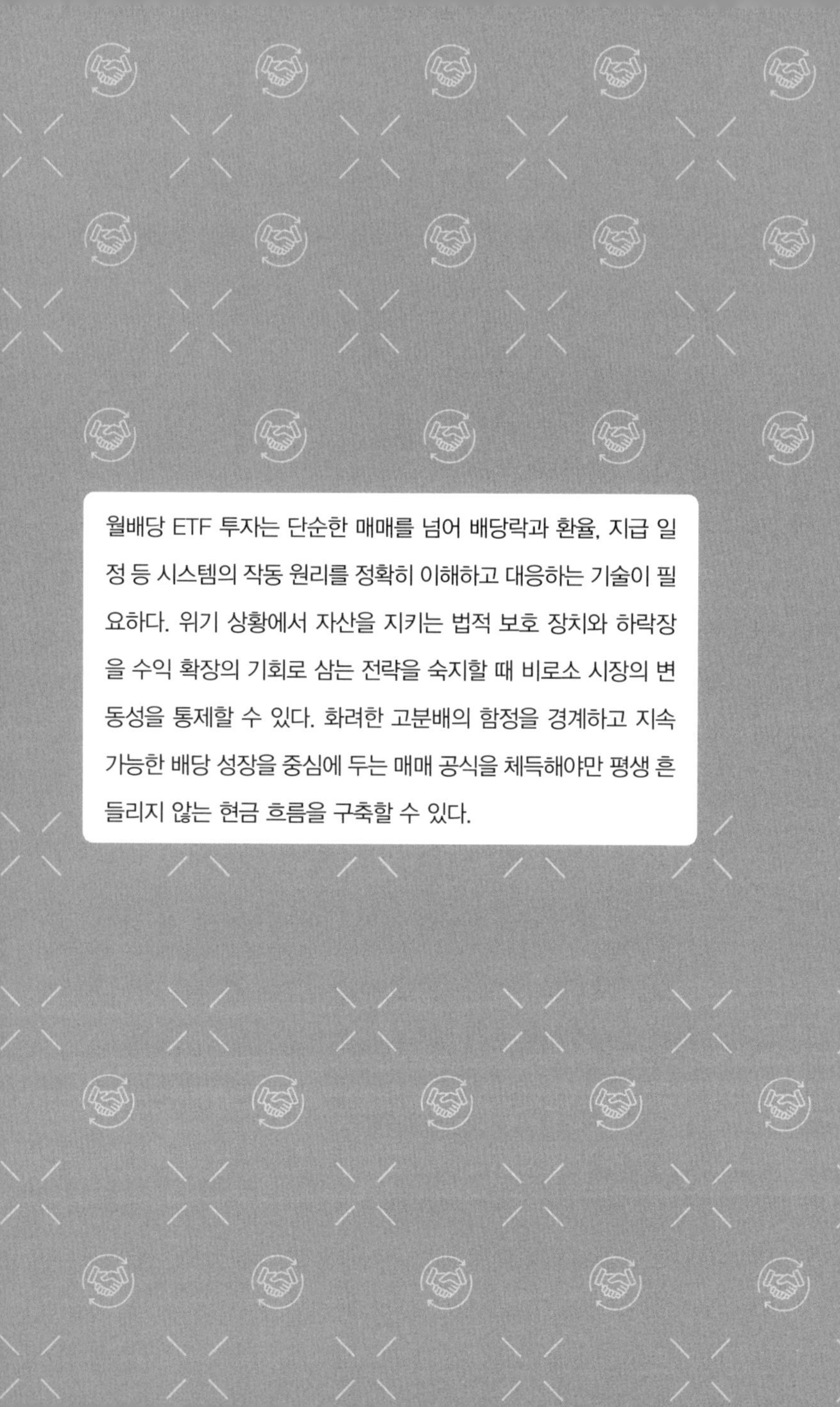

월배당 ETF 투자는 단순한 매매를 넘어 배당락과 환율, 지급 일정 등 시스템의 작동 원리를 정확히 이해하고 대응하는 기술이 필요하다. 위기 상황에서 자산을 지키는 법적 보호 장치와 하락장을 수익 확장의 기회로 삼는 전략을 숙지할 때 비로소 시장의 변동성을 통제할 수 있다. 화려한 고분배의 함정을 경계하고 지속 가능한 배당 성장을 중심에 두는 매매 공식을 체득해야만 평생 흔들리지 않는 현금 흐름을 구축할 수 있다.

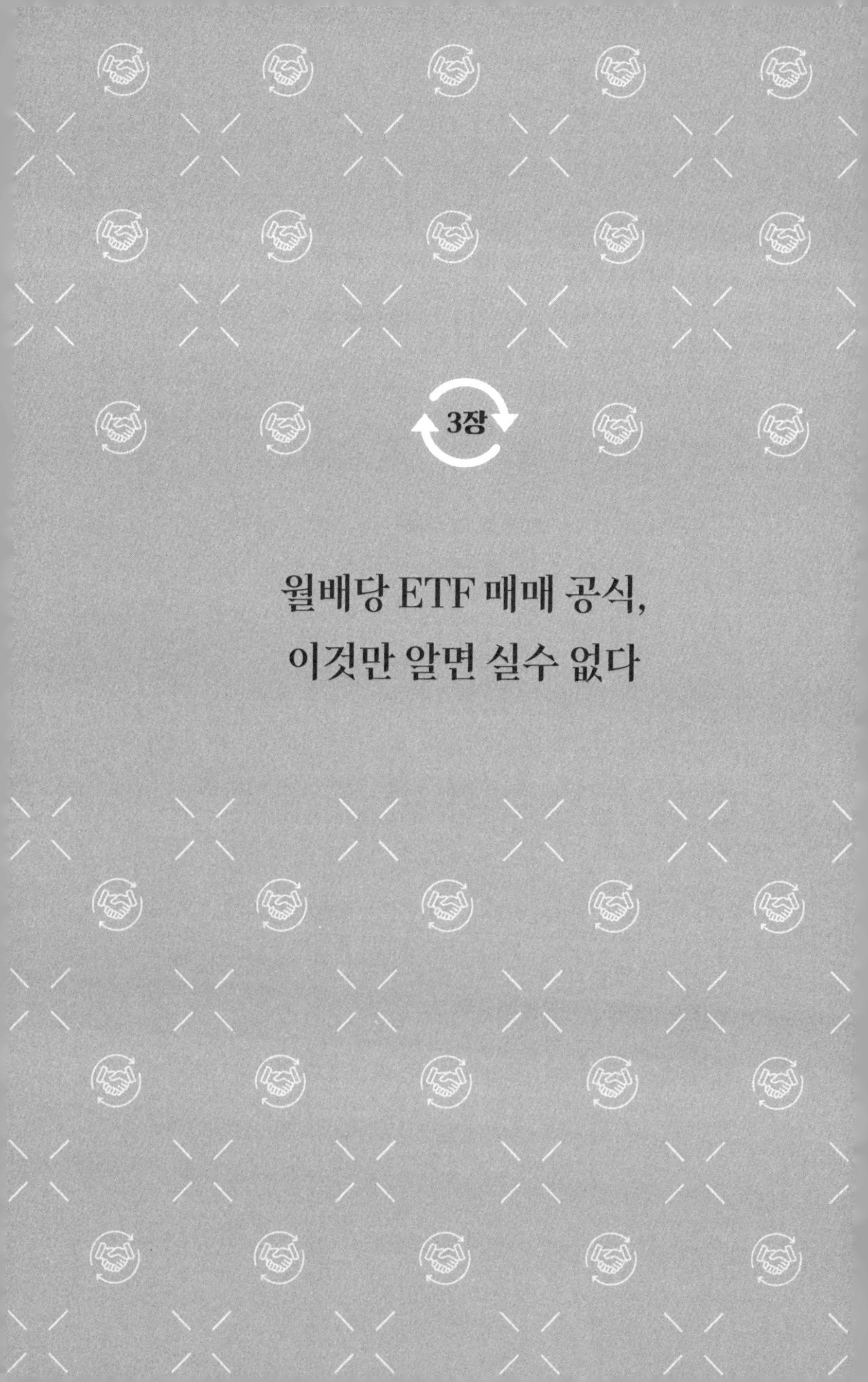

월배당 ETF 매매 공식, 이것만 알면 실수 없다

배당금을 받으면 주가가 떨어지는
배당락 원리를 이해하자

배당락은 기업 가치가 현금으로 이전되는 자연스러운 과정이므로
주가 하락에 당황하기보다
배당 재투자의 기회로 활용하는 여유가 필요하다.

월배당 ETF 투자를 시작하면 배당금을 받을 권리가 사라지는 날, 주가가 갑자기 뚝 떨어지는 현상을 목격하게 된다. 이를 배당락이라고 부르는데, 기업이나 운용사가 주주들에게 현금을 나누어준 만큼 그 가치가 시가총액에서 빠져나가는 자연스러운 현상이다.

이 원리를 이해하기 쉽게 비유하자면 1만 원짜리 현금 상자 안에 500원의 보너스가 들어있다가 주인이 그 500원을 꺼내 내 주머니에 넣어준 상황과 같다. 보너스를 꺼내기 전에는 상자의 가치가 1만 원이었지만, 돈을 꺼낸 뒤에는 상자 안에 9,500원만 남게 되는 이치다. 결국 내 자산의 총합은 9,500원짜리 상자와 내 주머니 속 현금 500원을 더해 여전히 1만 원으로 변함이 없는 셈이다.

배당락일에 주가가 하락하는 폭은 대개 지급되는 배당금의 액수와 비슷하게 결정되지만, 시장의 상황에 따라 금방 회복되기도 한다. 실력이 좋은 우량 기업들을 담은 ETF는 배당으로 빠져나간 가치를 새로운 이익으로 다시 채워넣으며 주가를 원래 자리로 되돌려 놓는 힘이 있다.

노련한 투자자들은 배당락으로 인해 주가가 잠시 낮아진 시점을 오히려 저렴하게 수량을 늘릴 수 있는 좋은 기회로 활용하기도 한다.

반대로 배당금만 쏙 받고 바로 팔아서 이득을 챙기려는 전략은 배당락으로 인한 주가 하락 때문에 생각보다 큰 재미를 보기 어렵다. 배당금으로 500원을 얻더라도 주가가 500원 넘게 빠져버리면 오히려 세금과 거래 수수료만 내고 손해를 보는 상황이 발생할 수 있기 때문이다.

따라서 단기적인 시세 차익보다는 장기적으로 꾸준히 배당을 받으며 자산이 스스로 회복하는 과정을 지켜보는 여유로운 태도가 필요하다.

실전 매매에서는 내가 언제까지 이 ETF를 가지고 있어야 배당금을 받을 수 있는지를 결정하는 배당기준일을 정확히 파악하는 것이 중요하다. 보통 배당을 주는 날보다 며칠 앞서 주주 명단이 확정되는데, 이 날짜를 놓치면 한 달을 더 기다려야 하는 번거로움이 생길 수 있다.

스마트폰 앱을 통해 내가 투자한 상품의 배당 일정을 수시로 확인하고, 계획적으로 매수 타이밍을 잡는 습관을 기르는 것이 실수를 줄이는 비결이다.

결국 배당락은 내 돈이 사라지는 재앙이 아니라 내가 주주로서 정당한 결실을 손에 쥐었음을 증명하는 아주 건강한 신호다. 주가 그래프가 잠시 꺾이는 모습에 일희일비하지 말고, 내 통장에 찍힐 현금과 다시 차오를 기업의 가치를 믿으며 투자를 지속해야 한다.

기준일과 지급일을 직접 확인해
입금 날짜를 계산하라

배당금은 기준일까지 주식을 보유한 투자자에게 지급되는
정당한 대가이므로, 미리 입금 일정을 파악해
체계적인 자금 흐름 관리를 실천해야 한다.

월배당 ETF 투자를 시작하면 내 계좌로 현금이 입금되는 날짜를 정확히 아는 것이 무엇보다 중요하다. 배당금은 하늘에서 떨어지는 공짜 돈이 아니라 내가 정해진 날짜까지 주식을 가지고 있었을 때 받는 정당한 대가이다. 따라서 돈이 들어오는 일정을 머릿속에 그려두어야 매달 현금 흐름을 관리하는 자신만의 투자 일지 작성이 가능하다.

가장 먼저 챙겨야 할 날짜는 주식을 보유해야 자격을 얻는 배당 기준일로 보통 해당 월의 마지막 영업일을 기준으로 잡는다. 이 날짜에 증권사 계좌에 주식을 보유하고 있어야 운용사로부터 배당금을 받을 명단에 내 이름이 올라가게 된다. 기준일이 지나고 나서 주식을 사면 그달의 배당은 다음 달로 넘어가게 되니, 반드시 달력에 미리 표시해두는 습관이 필요하다.

기준일이 지나고 나서 실제 현금이 내 계좌에 찍히기까지는 보통 며칠에서 길게는 일주일 정도의 시간이 소요된다. 운용사가 기업들로부터 배당금을 수거해 정리하고 다시 개인 투자자들에게 배분하는 과정을 거치기 때문에 약간의 시차가 발생한다. 이 기간을 인내심 있게 기다리면 약속된 날에 마법처럼 매달 정해진 금액이 현금으로 들어오는 기쁨을 맛볼 수 있다.

입금 날짜를 확인하는 방법은 매우 간단하며 스마트폰 증권 앱의 배당 정보나 운용사 홈페이지에서 누구나 쉽게 찾아볼 수 있다. 상품마다 지급일이 조금씩 다르기 때문에 내가 가진 ETF가 매달 며칠에 돈을 주는지 미리 확인해두는 것이 현명하다.

이러한 정보들은 모두 투명하게 공개되어 있으므로 굳이 복잡하게 계산하려 애쓰지 않아도 바로 확인이 가능하다.

예를 들어 기준일이 30일이라면 대략 다음 달 초반 며칠 내로 입금되는 경우가 많으니 해당 날짜를 확인해두면 마음이 편하다. 현금이 들어오는 날짜를 알면 생활비 계획을 세우거나 다음 투자를 위한 재투자 계획을 짜는 데도 큰 도움이 된다.

결국 내가 투자한 돈이 언제 돌아오는지 정확히 아는 것은 시스템 투자를 완성하는 가장 마지막 퍼즐 조각과도 같다. 일정을 챙기는 작은 노력이 모여 매달 현금이 마르지 않는 나만의 월급 통장을 만드는 탄탄한 기초가 된다. 정해진 날짜에 돈이 들어오는 것을 확인하며, 다음 달을 준비하는 과정이야말로 진정한 투자자의 삶을 누리는 첫걸음이다.

환헤지와 환노출의 차이를 알고
나에게 맞는 방식을 선택하자

환헤지는 환율 변동 위험을 방어하고
환노출은 달러 자산 가치 상승을 기대하는 방식이므로,
자신의 투자 성향과 노후 준비 목적에 맞는 전략을 선택해야 한다.

해외 주식인 ETF에 투자하다 보면 상품명 끝에 'H'가 붙거나 붙지 않은 것을 발견하게 된다. 여기서 H가 붙은 환헤지 상품은 환율 변화를 보험처럼 막아주는 방식이고, 붙지 않은 환노출 상품은 환율 변화를 그대로 온몸으로 맞는 방식이다.

쉽게 말해 환율 변동이라는 파도를 가리고 갈 것인가, 아니면 파도를 타고 함께 나아갈 것인가를 선택하는 문제다.

환헤지는 환율이 변해도 원화 기준으로 투자한 금액의 가치를 일정하게 유지해주는 아주 친절한 안전장치다. 예를 들어 미국 달러가 1,300원에서 1,200원으로 떨어지더라도 환헤지 상품은 미리 환율을 고정해두었기에 내 자산 가치가 깎이지 않는다. 주식 시장의 움직임에만 집중하고 싶고, 갑작스러운 환율 변화로 내 노후 자금이 흔들리는 것이 불안하다면 환헤지 상품이 좋은 선택이다.

반대로 환노출 상품은 달러 가치가 오르면 내 자산의 가치도 함께 올라가는 마법 같은 효과를 기대할 수 있다. 반대로 달러가 약해지면 자산 가치도 줄어들지만, 장기적으로 보면 달러는 안전 자산으로서의 가치가 있기에 오히려 든든한 방어막이 되기도 한다.

환율의 흐름을 굳이 예측하려 애쓰지 않고, 시간이 흐름에 따라 달러라는 강한 화폐를 차곡차곡 모아가고 싶은 투자자에게는 환노출이 유리하다.

예를 들어 여행을 좋아하는 사람이 나중에 달러를 써야 할 상황이 온다면 환노출 상품을 모아두는 것이 훨씬 현명한 방법이다. 해외여행을 가거나 자녀 유학 자금을 달러로

써야 할 때 환노출로 모아둔 ETF는, 그때의 환율 변화를 자연스럽게 상쇄해주기 때문이다.

반면 환율과 상관없이 딱 내가 투자한 원금과 주식 수익만을 안전하게 관리하고 싶은 투자자라면 환헤지를 통해 심리적 안정을 얻는 편이 낫다.

이제는 자신의 투자 성향을 살펴보고, 어느 쪽이 내 노후를 더 편안하게 만들지 결정할 시간이다. 막연한 공포를 갖기보다 각 방식의 장점을 확실히 파악하고, 나에게 맞는 상품을 골라 꾸준히 적립하는 것이 투자의 핵심이다.

어떤 방식을 택하든 중요한 것은 잦은 교체 매매를 피하고, 한 가지 원칙을 세워 우직하게 자산을 쌓아 나가는 끈기임을 잊지 말아야 한다.

환율은 거대한 파도와 같아서 마음대로 조절할 수 없지만, 파도에 올라타는 법은 얼마든지 익힐 수 있다. 자신의 투자 목표가 어디에 있는지 명확히 파악하고 나면, 환율 변동은 두려운 공포가 아닌 투자의 일부가 된다. 시스템을 믿고 원칙을 지키는 투자를 이어갈 때 우리들의 노후 자산은 안전한 항구에 차곡차곡 쌓이게 될 것이다.

운용사가 망하거나 상장 폐지되어도
내 돈은 안전하다

ETF는 운용사의 고유 자산과 분리되어 신탁 기관에 보관되므로
운용사의 경영 실패나 상장 폐지 상황에서도
투자자의 원금은 법적으로 안전하게 보호받는다.

투자자들이 ETF를 선택할 때 가장 불안해하는 지점은 '운용사가 망하면 내 돈도 사라지는 것 아닌가' 하는 의구심이다. 하지만 ETF는 자본시장법에 따라 운용사의 고유 자산과 투자자의 돈을 법적으로 완전히 분리해 보관하도록 엄격히 규정되어 있다. 운용사가 설령 경영난으로 파산하더라도 투자자의 돈은 별도의 신탁 기관인 은행에 안전하게 보관되어 있으므로 절대 운용사의 채무 변제에 쓰일 수 없다.

운용사는 오직 ETF를 관리하고 운용하는 '심부름꾼' 역할만 수행할 뿐, 실제 돈의 주인인 투자자의 재산을 마음대로 처분할 권한이 없다.

운용사가 사라지면 법원은 즉시 제3의 다른 운용사를 선정해 기존 ETF를 넘겨주거나, 혹은 ETF를 청산해 투자자에게 자산 가치만큼의 현금을 돌려주도록 지시한다. 따라서 운용사의 경영 실패가 투자자의 원금 손실로 직결되는 일은 구조적으로 불가능하도록 설계되어 있다.

그렇다면 '상장 폐지'로 실제로 어떤 일이 벌어지는 것인지 그 과정을 명확히 알 필요가 있다. ETF가 상장 폐지되는 경우는 주로 운용 규모가 너무 작아져서 더 이상 수익을 내기 어렵다고 판단될 때, 스스로 문을 닫는 자진 청산이 대부분이다.

상장 폐지가 된다고 해서 내 투자금이 사라지는 것이 아니라, 해당 시점의 ETF 자산 가치를 계산해 투자자에게 현금으로 정산해주므로 원금 자체가 소멸하는 일은 없다.

다만 상장 폐지 시점에 운용사가 제시하는 가격이 내가 매수했던 단가보다 낮을 경우 일시적으로 손실이 발생할

수는 있다. 하지만 이는 운용사의 파산 때문이 아니라 ETF
가 담고 있는 기초 자산인 주식이나 채권의 가격이 하락했
기 때문에 발생하는 시장의 위험일 뿐이다.

상장 폐지는 내 자산이 사라지는 재앙이 아니라, 효율성
이 떨어진 상품을 정리하고 내 돈을 현금으로 되찾아오는
자연스러운 투자 과정의 하나로 이해해야 한다.

상장 폐지가 예고되면 투자자는 두 가지 선택지를 가지
는데, 미리 시장에 내다 팔아 현금을 확보하거나 상장 폐지
일까지 기다려 자동으로 현금으로 돌려받는 방식이다.

증권 앱을 통해 관련 공시가 수시로 올라오므로 투자자
가 정보를 얻지 못해 손해를 볼 일도 거의 없다. 막연한 공
포를 갖기보다 이러한 법적 보호 장치와 정산 과정을 정확
히 알고 있어야 한다.

ETF 투자는 운용사가 사라지든 상품이 폐지되든 내 돈
을 지키고 정산받을 수 있는 탄탄한 법적 울타리 안에서 보
호받고 있다. 우리가 해야 할 일은 운용사의 운명을 걱정하
는 것이 아니라, 내가 투자한 기업들이 앞으로도 꾸준히 이
익을 낼 것인가에 집중하는 것이다.

주가가 떨어질 때 배당 수익률이
높아지는 원리를 이용하자

주가가 하락하면 실제 분배 수익률은 오히려 높아지므로
공포에 질려 매도하기보다 낮은 가격에 더 많은 수량을 확보하는
재투자 전략을 실행해야 한다.

주식 시장에서 가장 흔한 착각은 주가가 오르면 기분이 좋고, 주가가 떨어지면 내 자산이 줄어들어 불행하다고 느끼는 것이다. 하지만 월배당 ETF 투자자에게 주가 하락은 내가 받는 현금의 효율을 극대화할 수 있는 일종의 정기 할인 행사와 같다. 주가가 낮아질수록 같은 배당금을 지급하는 상품의 실제 배당 수익률은 자동으로 높아지기 때문에, 이는 자산을 불리는 아주 영리한 전략이 된다.

예를 들어 주당 10,000원짜리 ETF가 매달 50원을 배당한다면 수익률은 0.5%가 되지만, 주가가 8,000원으로 떨어지면 수익률은 약 0.62%로 즉시 올라간다. 똑같은 50원을 받지만 투자 원금이 적게 들었기 때문에 결과적으로 내 통장에 꽂히는 현금의 가성비가 훨씬 높아지는 셈이다.

시장이 공포에 질려 주가를 던질 때, 오히려 낮은 가격에 수량을 늘려 다음 달부터 들어올 배당금을 더 많이 확보할 수 있다.

많은 초보자들은 주가가 떨어지면 손해를 본다고 생각해서 앱을 끄고 외면해버리지만, 진정한 고수는 이때를 기다려 현금을 투입한다. 배당 수익률이 높아진다는 것은 똑같은 돈을 투자해도 더 많은 수량의 주식을 살 수 있다는 뜻이며, 이는 곧 내 미래의 월급 통장이 커진다는 증거다.

떨어지는 주가를 두려워하는 대신 오늘 내가 들고 있는 1만 원으로 몇 주의 주식을 더 챙길 수 있는지를 계산하는 것이 훨씬 실전적이다.

상가 건물주가 건물을 살 때 가격이 낮아지기를 기다리는 것과 마찬가지로, 우리도 더 좋은 수익률을 얻기 위해 주가 하락을 반겨야 한다. 주가가 계속 오르기만 하는 시장은 사실 신규 투자자에게는 배당금이라는 알맹이를 모으기에 비용이 너무 많이 드는 비효율적인 시장이다.

시장이 조정을 겪을 때 꾸준히 수량을 늘려놓은 사람은, 나중에 주가가 제자리를 찾았을 때 남들보다 높은 수익률을 누리게 된다.

주가가 낮아졌을 때 배당금을 받아 다시 주식을 사는 재투자 전략을 쓰면, 복리의 속도는 상상 이상으로 빨라진다. 낮아진 주가 덕분에 더 많은 주식을 사고, 그 주식에서 나온 배당금으로 또 주식을 사는 과정이 반복되면, 내 자산의 기초 체력은 몰라보게 강해진다.

가격이라는 껍데기에 연연하지 않고 배당이라는 알맹이의 크기를 키우는 데 집중하는 사람만이 시장의 변동성을 수익으로 전환하는 법이다.

결국 주가 하락은 노후를 준비하는 투자자에게는 오히려 실력을 검증하고 자산을 확장할 수 있는 최고의 이벤트다. 공포를 이겨내고 낮은 가격에 주식을 차곡차곡 쌓아 올리는 인내심이야말로 강력한 부의 증식 도구다.

배당률 10% 유혹 뒤에 숨은
고배당의 함정을 경계하라

터무니없이 높은 분배율은 기초 자산의 부실을 의미하는
경우가 많으므로 당장의 화려한 숫자보다
분배금의 지속 가능성과 자산의 본질적 체력을 먼저 살펴야 한다.

투자 앱을 켜면 연 10%가 넘는 높은 배당 수익률을 제시하는 상품들이 초보 투자자들의 마음을 강하게 흔든다. 하지만 자본주의 시장에서 공짜 점심은 없다는 원칙을 기억해야 하며, 유독 배당률이 높다면 그 기업이 왜 그만큼의 이익을 모두 현금으로 풀어야 하는지 의심해야 한다.

지속 가능한 투자는 화려한 수익률 숫자보다, 기업이 그 배당금을 10년 뒤에도 꾸준히 줄 수 있느냐에 달려 있다.

예를 들어 빵집이 100원의 이익을 남기는데 배당으로 500원을 준다면 이는 장사를 잘해서가 아니라, 가게의 오븐을 팔아 현금을 채워주는 상황과 같다. 이런 기업은 당장 배당금은 많이 줄지 몰라도, 미래에 빵을 구울 기계를 팔아버렸으니 갈수록 수익이 줄어들고 결국 폐업할 위기에 처한다. 무리하게 높은 배당은 기업이 자신의 미래 성장 동력을 스스로 갉아먹고 있다는 위험한 신호다.

배당률이 터무니없이 높은 또 다른 이유는 주가가 폭락해서 수익률이 왜곡된 경우인데, 이는 경영 상황이 매우 좋지 않다는 것을 보여준다. 주가가 절반으로 떨어지면 같은 배당금을 줘도 수익률은 두 배로 뻥튀기되기 때문에, 초보자는 이를 싼값에 좋은 상품을 산 것으로 착각한다.

하지만 주가가 떨어지는 데는 이유가 있으므로 함부로 뛰어들었다가는 배당금보다 훨씬 큰 원금 손실을 보게 된다.

고수는 10%의 화려한 수익률보다 3~4%의 평범하지만 매년 조금씩 오르는 성실한 배당주를 더 높게 평가하고 선호한다. 시간이 지날수록 주가도 오르고 배당금도 함께 늘어나는 배당 성장의 힘이야말로, 인생의 중반을 넘어선 이들의 노후를 책임질 가장 확실한 엔진이다.

실전에서 배당률을 확인할 때는 현재의 숫자만 보지 말고, 지난 5년 동안 배당이 얼마나 꾸준히 지급되었는지를 반드시 기록으로 확인해야 한다. 우량 기업은 시장의 하락기에도 배당을 줄이지 않고 유지하거나 오히려 늘리는 책임감을 보여주므로, 이런 신뢰할 수 있는 데이터를 찾는 것이 중요하다.

숫자는 거짓말을 하지 않지만, 그 숫자가 왜 나왔는지를 파악할 줄 아는 투자자만이, 화려한 함정에 빠지지 않고 수익을 온전히 챙길 수 있다.

결국 투자의 목적은 한 방의 대박이 아니라 긴 노후를 버텨줄 단단한 현금 흐름 시스템을 완성하는 일이다. 고배당의 유혹을 뿌리치고 기업의 건강한 성장과 함께 배당이 커지는 길을 걷는다면, 여러분의 계좌는 어떤 시장의 풍파 속에서도 끄떡없는 성채가 된다.

화려한 10% 수익률에 눈을 돌리지 말고 묵묵히 제 갈 길을 가는 우량한 상품과 함께 긴 호흡으로 투자를 지속하자.

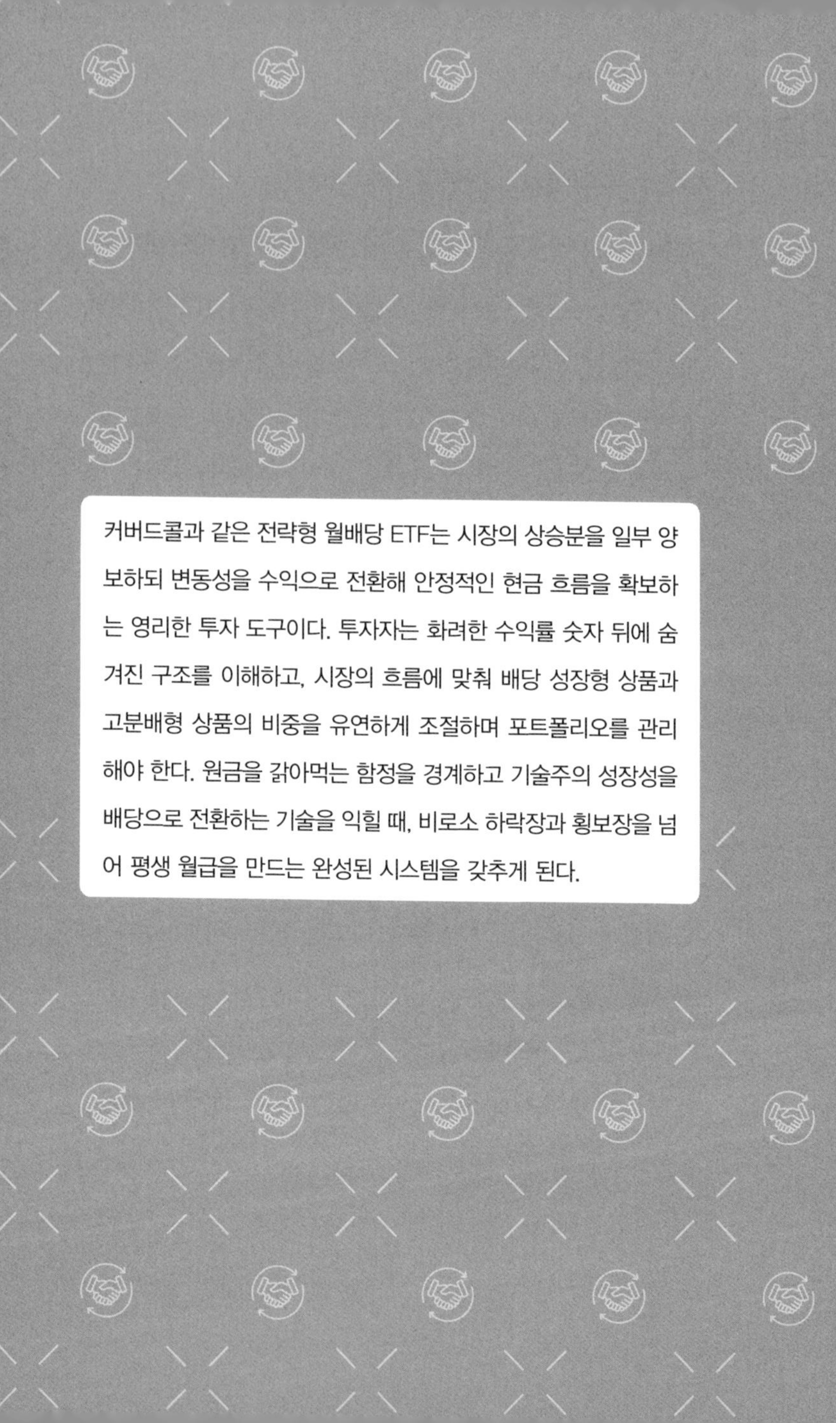

커버드콜과 같은 전략형 월배당 ETF는 시장의 상승분을 일부 양보하되 변동성을 수익으로 전환해 안정적인 현금 흐름을 확보하는 영리한 투자 도구이다. 투자자는 화려한 수익률 숫자 뒤에 숨겨진 구조를 이해하고, 시장의 흐름에 맞춰 배당 성장형 상품과 고분배형 상품의 비중을 유연하게 조절하며 포트폴리오를 관리해야 한다. 원금을 갉아먹는 함정을 경계하고 기술주의 성장성을 배당으로 전환하는 기술을 익힐 때, 비로소 하락장과 횡보장을 넘어 평생 월급을 만드는 완성된 시스템을 갖추게 된다.

수익률을 두 배로,
커버드콜과 고배당의 기술

커버드콜이란 무엇이며,
왜 지금 투자자들이 몰려드는지 알아보자

커버드콜은 주식 보유와 동시에 콜옵션을 매도해 옵션 프리미엄이라는
추가 수익을 현금으로 확보하는 전략으로,
변동성 장세에서 안정적인 현금 흐름을 창출하는 효율적인 수단이다.

최근 월배당 투자자들 사이에서 커버드콜이라는 상품이 인기인데, 이는 주식을 보유하면서 동시에 '주식을 특정 가격에 살 권리'를 팔아 현금을 챙기는 투자법이다.

내가 가진 주식을 미리 정해진 가격에 남에게 넘겨줄 계약을 맺고, 그 대가로 매달 꼬박꼬박 '권리금'을 받는 구조라고 생각하면 이해가 빠르다. 주가가 오르든 내리든 상관없이 매달 안정적인 현금 보너스를 챙길 수 있다는 점이 가장 큰 매력이다.

이해를 돕기 위해 부동산을 예로 들면, 내가 가진 아파트의 소유권은 유지하면서 누군가에게 "나중에 이 가격에 이 아파트를 살 권리"를 돈을 받고 파는 것과 같다. 집값이 크게 오르지 않는 한, 나는 매달 그 권리금을 챙기면서 아파트 주인의 권리도 그대로 누릴 수 있다.

시장이 펄펄 끓어 주가가 폭등할 때는 그 수익의 일부를 포기해야 하지만, 시장이 완만하게 움직일 때는 배당금과 권리금이 합쳐져 쏠쏠한 현금이 들어온다.

많은 이들이 커버드콜에 열광하는 결정적인 이유는, 매달 들어오는 현금의 규모가 일반적인 배당주보다 크고 규칙적이기 때문이다.

주가 상승을 일정 부분 포기하는 대신 매달 1% 내외의 추가 수익을 확보할 수 있다는 점이 은퇴 후 안정적인 월급을 원하는 이들에게 강력한 설득력을 갖는다. 불확실한 미래의 시세 차익을 기대하며 노심초사하는 것보다, 지금 내 통장에 찍히는 현금의 안정성을 선택하는 전략이 투자 시장의 대세가 되었다.

물론 커버드콜은 주가가 폭등할 때 그 상승분을 다 누리지 못한다는 분명한 한계가 존재하므로, 모든 자산을 여기에 쏟아붓는 것은 주의해야 한다. 하지만 변동성이 크고 방향을 예측하기 힘든 요즘 같은 금융 시장에서 이만큼 확실하게 현금 흐름을 만들어내는 도구는 찾기 어렵다.

전체 노후 자산 중 일부를 커버드콜 상품에 배분하면, 마치 아파트 월세를 받는 것처럼 매달 규칙적인 추가 현금을 확보할 수 있다.

금융 시장이 갈수록 복잡해지고 물가 상승의 압박이 거세지면서, 단순히 주가가 오르길 바라는 투자 방식만으로는 만족하지 못하는 이들이 늘어나고 있다.

커버드콜은 단순히 주식을 사서 보유하는 것을 넘어 주식이라는 자산을 활용해 현금을 만들어내는 능동적인 투자 기법으로 진화했다.

이제는 많은 이들이 커버드콜을 통해 시장의 급등락에 휘둘리지 않고, 자신만의 꾸준한 현금 창출 시스템을 구축하는 길을 걷고 있다.

결국 커버드콜은 상승장의 화려한 대박은 일부 양보하

되, 횡보장에서도 확실하게 수익을 챙기는 실속 있는 투자자들을 위한 맞춤형 전략이다.

이 구조를 정확히 이해하고 내 포트폴리오에 적절히 배분한다면, 시장 상황과 관계없이 매달 규칙적인 월세를 받는 자본가의 삶에 한 발짝 더 가까워질 것이다.

커버드콜로 주가 상승을 양보하고
매달 확실한 월세를 챙기자

커버드콜 전략은 주가 상승의 일부 수익을 양보하는 대신
매달 안정적인 옵션 프리미엄을 우선적으로 확정 지어
시장의 등락에 흔들리지 않는 현금 흐름을 구축하게 한다.

커버드콜 전략의 핵심은 주가가 크게 오를 때, 얻을 수 있는 대박 수익을 일부 양보하는 대신, 주가가 옆으로 기거나 완만하게 움직일 때 남들보다 더 많은 현금을 챙기는 것이다. 앞서 비유한 부동산 권리금 사례처럼, 주가가 특정 가격을 넘어가면 그 이상 발생하는 이익은 권리를 산 사람에게 넘겨주기로 계약하는 구조다.

결국 나는 주가 상승에 대한 기대감을 일부 양보하고, 그

대가로 매달 꼬박꼬박 '월세(보험료)'라는 이름의 현금 수익을 미리 확정해서 받는 셈이다.

이 전략을 실행하면 내 계좌에는 주가 변동에 따른 시세 차익과는 별개로 '옵션 프리미엄'이라 불리는 현금이 추가로 쌓이게 된다. 주식 시장이 10% 상승할 때 나는 주식 자체에서 5%의 수익을 얻고, 미리 받아둔 월세 수익 5%를 더해 전체 수익을 10%로 맞추는 식이다.

시장이 뜨겁게 달아올라 20%까지 폭등하더라도 나는 약속한 상한선까지만 수익을 가져가지만, 시장이 제자리걸음을 할 때는 남들보다 훨씬 높은 성과를 낸다.

실제 투자 현장에서는 시장의 변동성이 커질수록 우리가 받는 월세 수익은 더 높아지는 경향이 있다. 주식 시장의 날씨가 험악해질수록 보험료가 비싸지듯이, 시장이 불안할수록 커버드콜 ETF가 매달 챙겨주는 현금 보너스도 두둑해지는 것이 이 상품의 매력이다.

변동성이 높은 시장에서 이 전략이 빛을 발하는 이유는, 남들이 공포에 떨 때 나는 높은 월세를 챙기며 현금을 차곡차곡 모아갈 수 있기 때문이다.

물론 월세를 챙기는 대신 상승장을 포기한다는 것은 시장이 단기간에 급등하는 구간에서는 상대적으로 수익률이 낮아질 수 있음을 의미한다. 하지만 인생의 중반을 넘어선 독자들처럼 자산을 안전하게 지키면서 매달 생활비를 만들어야 하는 이들에게는 급등장보다는 안정적인 수익이 훨씬 중요하다.

한 번에 크게 먹으려는 욕심을 버리고, 매달 일정한 수익을 얻는 '현금 흐름'에 집중하는 것이 투자의 피로도를 낮추는 가장 확실한 방법이다.

상승을 양보하고 월세를 챙기는 이 원리는 마치 매달 월세를 받는 건물주가 집값의 급등락을 크게 신경 쓰지 않는 것과 같다. 집값이 폭등하면 좋겠지만, 집값이 그대로라도 나는 꼬박꼬박 월세를 받고 있기에 큰 상관이 없는 것처럼, 커버드콜 투자자도 마음의 평온을 얻는다.

결국 커버드콜을 이해한다는 것은 시장의 화려한 상승세보다 내가 통제할 수 있는 수익의 안정성을 더 가치 있게 여기는 일이다.

하락장에도 커버드콜 배당금이
유지되는 이유를 파악하자

주가가 하락하면 옵션 매도 수익이 손실을 일정 부분 상쇄하며
하락 충격을 흡수하는 완충재 역할을 하기 때문에,
하락장에서도 상대적으로 안정적인 분배금 확보가 가능하다.

주식 시장이 곤두박질치면 대부분의 투자자는 내 소중한 자산이 녹아내리는 공포에 휩싸여 주식을 팔고 도망치고 싶어진다. 하지만 커버드콜 상품은 주가가 떨어지는 상황에서도 매달 꼬박꼬박 현금을 챙겨줘 심리적인 안전판 역할을 해준다.

마치 폭풍우가 치는 바다 위에서도 든든한 구명보트를 타고 있는 것처럼, 미리 받아둔 보험료 수익이 하락의 충격을 대신 흡수해준다.

이 배당금이 유지되는 원리는 생각보다 간단하다. 주가가 하락하면 내가 남에게 팔았던 주식을 살 수 있는 권리의 가치가 0원이 되기 때문이다. 시장이 좋을 때는 내가 이 권리를 남에게 팔아서 받은 현금이 수익이 되지만, 시장이 나쁠 때는 이 권리를 사라지게 함으로써 내 주머니를 안전하게 지키는 방어막이 된다.

주가가 떨어져서 마음이 아플 때, 커버드콜은 오히려 권리금을 챙겼으니 다행이라는 생각을 하게 만드는 현명한 구조를 가지고 있다.

많은 투자자가 커버드콜을 선택하는 진짜 이유는, 시장이 20% 떨어질 때 내 자산은 10% 정도만 하락하고, 그 차액을 배당으로 보전받기 위함이다. 일반 주식은 하락하면 고스란히 내 돈으로 손실을 감수해야 하지만, 커버드콜은 매달 챙겨주는 현금을 통해 하락의 폭을 조금이라도 줄여준다.

시장이 어렵고 힘들수록 매달 들어오는 이 확실한 현금흐름은 여러분의 계좌를 지켜내는 핵심 방패가 된다.

물론 하락장의 깊이가 너무 깊어지면 커버드콜의 배당금

만으로는 모든 손실을 완전히 막아낼 수는 없다. 하지만 완만한 하락세에서는, 들어오는 배당금을 재투자해 더 많은 수량의 주식을 사 모으면 나중에 시장이 회복될 때 훨씬 더 큰 수익을 낼 수 있다.

위기 속에서도 배당금이 들어온다는 사실은 투자를 중단하지 않고, 시장에 계속 머물게 하는 가장 강력한 심리적 안전장치가 된다.

인생의 중반을 넘어선 독자들에게 하락장은, 내 노후 자금이 줄어드는 것에 대한 두려움이 가장 큰 시기다. 이때 커버드콜이 챙겨주는 현금은 원금의 손실을 방어하고, 매달 필요한 생활비를 조달하며, 저렴해진 주식을 더 많이 사들일 수 있는 소중한 밑천이 된다.

결국 커버드콜 배당금이 하락장에서도 유지되는 이유는 시장의 방향성과 관계없이 정해진 수익 구조를 묵묵히 이행하기 때문이다. 주가가 떨어질 때마다 공포에 질려 시장을 떠나는 대신, 매달 들어오는 현금을 확인하며 냉철하게 투자를 이어가자.

제피(JEPI)의 높은 배당률이
지속 가능한지 냉정하게 검증하라

JEPI와 같은 커버드콜 ETF는 시장의 변동성을 수익으로 전환하는 시스템을 갖추었으나, 무조건적인 고배당보다는 장기적인 성장성과 함께 자산 배분 비중을 조절하는 안목이 반드시 필요하다.

제피(JEPI)는 튼튼한 미국 대기업 주식들을 한 바구니에 담아놓고, 여기서 나오는 이익과 '주식을 살 권리'를 남에게 팔아 얻은 현금을 합쳐 매달 꼬박꼬박 지급하는 ETF다. 쉽게 말해 우량 기업의 주주가 되어 배당도 받고, 동시에 주식 시장이라는 큰 건물에서 매달 꼬박꼬박 월세까지 챙기는 영리한 구조를 가지고 있다.

하지만 이 높은 수익이 기업의 장기적인 성장 덕분인지,

아니면 옵션 매도라는 기법으로 일시적으로 만들어진 결과물인지, 그 본질을 구분하는 안목이 필요하다.

제피가 우리에게 매달 두둑한 현금을 쥐어주는 원리는 우량 기업에 투자하면서 동시에 콜옵션이라는 보험 상품을 남에게 팔기 때문이다. 이 과정에서 들어오는 '보험료(옵션 프리미엄)'가 실제 기업들이 번 돈과 합쳐져서 연 7~10% 수준의 매력적인 배당률을 만들어낸다.

이 전략은 시장이 적당히 오르거나 옆으로 횡보할 때는 최고의 효율을 내지만, 시장이 폭등할 때는 상승 수익의 일부를 포기해야 하므로 수익률이 제한된다는 점을 반드시 기억해야 한다.

많은 투자자가 제피의 배당률이 평생 유지될 것이라 착각하지만, 이 상품은 시장의 변동성을 수익으로 바꾸는 기계적인 시스템에 불과하다. 시장이 조용해서 변동성이 줄면 옵션 프리미엄은 쪼그라들고, 시장이 뜨거우면 주가 상승 수익을 보지 못해 전체적인 자산의 성장세는 더뎌진다.

따라서 제피를 보유할 때는 높은 배당금만 보고 환호하기보다, 내 전체 자산이 시장 흐름에 맞춰 건강하게 성장하고 있는지 분기마다 꼼꼼히 점검하는 습관이 중요하다.

인생의 중반을 넘어선 독자들에게 제피는 훌륭한 월세 통장이 될 수 있지만, 내 자산 전체를 담을 수 있는 유일한 바구니가 되어서는 안 된다.

커버드콜 전략은 주가 상승의 기회를 포기하는 대가를 치르는 상품이므로, 자산의 일부는 꼭 주가가 장기적으로 우상향할 수 있는 일반 주식형 ETF와 함께 배치해야 한다.

현금 흐름을 만드는 제피의 장점을 십분 활용하되, 성장성이 뒷받침되는 다른 자산과 균형을 맞추는 것이 노후 자산을 지키는 최선의 전략이다.

무작정 높은 숫자에 기대기보다 시장의 흐름과 옵션 수익의 관계를 이해하고, 내 포트폴리오의 목적에 맞게 비중을 조절해야 한다.

지속 가능한 현금 흐름은 단순히 높은 배당률에서 나오는 것이 아니라, 시장의 상황에 맞춰 적절하게 배분된 자산의 균형에서 완성된다는 점을 잊지 말자.

결국 제피는 '인생 역전의 도구'가 아닌 '매달 들어오는 월세 시스템'의 일부로 관리한다. 화려한 수익률 숫자 뒤에 숨겨진 구조를 이해하고 시장의 파도에 맞춰 비중을 조절하는 투자를 이어간다면, 여러분은 어떤 시장 상황에서도 흔들리지 않는 현금 흐름을 유지할 수 있다.

제피가 가진 안정성과 배당의 달콤함을 영리하게 이용하되, 성장의 끈을 놓지 않는 지혜로운 투자자가 되자.

횡보장에서 빛나는
배당 투자법의 원리를 십분 활용하라

주가가 오르지도 내리지도 않는 횡보장에서는
시세 차익을 기대하기 어려운 대신, 지속적인 분배금 재투자를 통해
자산의 수량을 늘려나가는 최적의 수확 기회로 활용할 수 있다.

주식 시장에서 '횡보장'이란 쉽게 말해 주가가 오르지도 않고 내리지도 않은 채, 마치 옆으로 긴 막대기처럼 평평하게 움직이는 시기를 뜻한다. 이럴 때 일반적인 투자자들은 주가가 움직이지 않아 답답함을 느끼고 투자를 멈추지만, 고수들은 이 지루한 시간을 오히려 기회로 활용한다.

횡보장이 투자자에게 왜 중요한지 알기 위해서는 '기차역'을 상상해보면 아주 명확해진다. 주가가 1,000원과

1,100원 사이를 계속 왔다 갔다 하면, 1,000원에 사서 1,100원에 팔거나 계속 보유하며 배당금만 챙기는 반복적인 수익을 거둘 수 있다.

시장이 뜨겁게 오르거나 차갑게 내리지 않는 이 평온한 시기에, 우리는 배당금이라는 확실한 현금을 챙기며 내 자산의 수량을 차곡차곡 늘려갈 수 있다.

많은 사람이 주가는 무조건 오르기만 해야 좋다고 생각하지만, 평생 오르기만 하는 주식은 세상에 존재하지 않는다. 주가가 오르지 않고 옆으로 기어가는 동안에는 내가 투자한 주식의 가격이 싸지지도 비싸지지도 않으니, 마음 편하게 배당금을 재투자할 수 있는 최고의 환경이 조성된다.

이처럼 시장이 조용할 때 배당금을 받아 다시 주식을 사는 전략을 쓰면, 시장이 나중에 크게 오를 때 남들보다 훨씬 더 많은 수량을 보유하게 되어 수익률이 폭발한다.

횡보장에서 배당 투자법이 빛을 발하는 이유는 주가가 제자리걸음이어도 내 통장에 찍히는 월세 같은 배당금은 멈추지 않기 때문이다.

주식 가격 변동에 따른 불안함 대신 매달 들어오는 현금의 힘을 믿고 묵묵히 투자를 지속하는 것, 이것이 바로 횡보장을 이기는 가장 단순하고 확실한 비결이다.

시장이 아무런 방향도 잡지 못하고 우왕좌왕할 때, 우리는 오직 '현금 흐름'에만 집중하며 내 자산의 기초 체력을 키워나가면 된다.

인생의 중반을 넘어선 독자들에게 횡보장은 내 자산이 정체된 것 같아 불안한 시기일 수 있다. 하지만 이때 배당금을 재투자해 수량을 늘려둔 주식은 나중에 시장이 우상향할 때 남들보다 훨씬 더 가파른 자산 성장을 이끌어주는 강력한 엔진이 된다.

횡보장이라는 지루한 시간을 단순히 버티는 시간이 아니라 내 배당 바구니를 더 크게 만드는 수확의 시간으로 활용하는 안목을 기르자.

원금이 녹는 나쁜 월배당 ETF를
가려내는 안목을 기르자

높은 분배율만 내세우며 자산 가치가 하락하는 상품은
투자자의 원금을 갉아먹는 나쁜 ETF이므로 순자산가치 추이와
분배금 회복탄력성을 철저히 확인해 옥석을 가려내야 한다.

세상에는 겉으로 보이는 분배율은 무척 높아 보이지만, 시간이 갈수록 투자 원금을 갉아먹는 나쁜 월배당 ETF들이 숨어 있다.

이런 상품들은 기초 자산이 사업을 잘 운영해서 번 수익을 나눠주는 것이 아니라, 투자자의 원금을 다시 꺼내서 분배금 명목으로 돌려주는 이른바 '내 돈 주고 내 돈 받기'를 반복한다.

주머니에서 100원을 꺼내 10원씩 10번 돌려받고 나면 주머니는 결국 텅 비게 되는데, 이것이 원금이 녹아내리는 나쁜 월배당 ETF의 본질이다.

나쁜 상품을 가려내는 가장 쉬운 방법은 지난 5년 동안 해당 ETF의 '주당 순자산가치(NAV)' 추이를 확인하는 것이다. 분배금은 많이 주는데 자산가치가 계단식으로 계속 내려간다면 일단 의심해야 한다. 기초 자산의 운용 수익보다 더 많은 분배금을 억지로 지급하려다 보니, 결국 밑천인 자산 가치를 깎아먹고 있는 것이다.

화려한 분배율 숫자 뒤에 숨겨진 차트를 펼쳐보고, 자산 가치가 꾸준히 하락하는 추세라면 아무리 월배당이 매력적이어도 피하는 것이 상책이다.

또 하나 주의할 점은 분배락 이후 자산 가치가 얼마나 빠르게 회복되는지를 살펴보는 것이다. 건전한 월배당 ETF는 분배락 이후 시장의 흐름에 따라 순자산가치가 빠르게 회복된다. 반면 나쁜 상품은 분배금을 준 만큼 자산 가치가 영영 회복하지 못하거나 회복하는 속도가 현저히 느려지며 조금씩 우하향하는 모습을 보인다.

분배금은 챙겼는데 전체 자산 규모가 조금씩 줄어들고 있다면, 그것은 월급을 받는 것이 아니라 내 소중한 자금을 서서히 나누어 쓰고 있는 것과 같다.

초보자들은 흔히 분배율이 높으면 무조건 좋은 상품이라 생각하지만, 수익률보다 중요한 것은 '내 원금이 안전하게 지켜지고 있는가'이다. 연 10%의 분배금을 받더라도 자산 가치가 매년 10%씩 줄어든다면 결과적으로 내 돈은 늘어나는 것이 아니라 제자리걸음을 하거나 오히려 줄어드는 셈이다.

진짜 좋은 월배당 ETF는 분배금도 주면서 시간이 지날수록 기초 자산의 가치도 함께 올라가 내 전체 자산이 눈덩이처럼 불어나는 상품임을 잊지 말아야 한다.

내 원금을 갉아먹는 분배는 수익이 아니라 내 미래를 앞당겨서 소비하는 위험한 행위임을 명확히 인지하고 거리를 두어야 한다.

월배당 ETF로 기술주의
성장성과 고배당을 동시에 잡자

혁신 기술주에 투자하면서 옵션 전략이나 배당 성장 전략을 결합한
하이브리드 월배당 ETF를 활용하면 기술주 특유의 주가 상승과
안정적인 분배금을 동시에 향유할 수 있다.

투자를 시작한 우리가 흔히 범하는 실수는 수익률이 높은 기술주와 안정적인 현금을 주는 고배당주를 완전히 별개의 것으로 나누어 생각하는 것이다. 하지만 최근 금융 시장은 혁신적인 기술을 가진 기업들도 막대한 현금을 바탕으로 주주들에게 분배금을 지급하는 사례가 늘고 있다.

'기술 성장성'과 '월배당'이라는 두 마리 토끼를 동시에 잡는 전략은, 세상이 바뀌어도 사람들이 계속 사용할 핵심 기술을 담은 월배당 ETF를 골라내는 것에서 시작된다.

성장성 있는 기술 테마 ETF를 찾을 때는 단순히 주가가 많이 오른 곳을 찾는 게 아니라, 지금의 기술이 5년 뒤에도 사람들의 필수품으로 남아있을지를 고민해야 한다. 이런 기업들을 모아놓은 ETF는 초기에는 수익을 기술 개발에 쏟아붓지만, 시장을 독점하게 되면 넘쳐나는 현금으로 주주들에게 분배금을 주기 시작한다.

지금의 성장형 ETF가 미래의 강력한 배당 성장형 ETF로 변모하는 과정을 미리 간파하고 투자한다면, 주가 상승의 기쁨과 매달 받는 현금 흐름을 모두 누릴 수 있다.

이를 실전에서 구현하는 가장 쉬운 방법은 정보기술(IT) 분야의 우량 기업과 고배당 전략을 섞어놓은 '하이브리드형 월배당 ETF'를 활용하는 것이다. 기술주의 폭발적인 주가 상승을 일정 부분 맛보면서도, 콜옵션을 매도하거나 채권을 결합하는 전략을 활용해 매달 나오는 현금을 챙기면 하락장에서도 훨씬 마음이 편안해진다.

성장하는 기업에 올라타서 그들이 벌어들이는 과실을 분배금이라는 형태로 꼬박꼬박 챙기는 방식이 투자의 피로도를 획기적으로 낮춰준다.

물론 기술 기반 ETF는 시장의 유행에 따라 주가가 요동칠 때가 많으므로 한꺼번에 큰돈을 넣기보다 조금씩 나누어 사는 적립식 투자 방식을 반드시 병행해야 한다. 주가가 떨어질 때는 분배금을 재투자해 수량을 늘리고, 주가가 오를 때는 자산 가치가 상승하는 즐거움을 누리는 것이 기술주와 배당을 동시에 잡는 핵심 비결이다.

시장이 기술의 발전을 믿고 돈을 쏟아부을 때, 우리는 그 흐름에 올라타 분배금이라는 보너스까지 챙기며 여유롭게 수익을 기다리면 그만이다.

투자를 시작한 우리에게 가장 중요한 것은 화려한 기술의 이름을 외우는 것이 아니라, 그 ETF가 담고 있는 기초 자산의 수익 창출 능력을 이해하는 것이다. 기술 기업들이 얼마나 많은 현금을 벌어들이고, 그 현금을 운용사가 얼마나 효율적으로 분배금으로 나누어 줄 의지가 있는지를 확인한다면 나쁜 상품에 돈을 잃을 확률은 크게 줄어든다.

성장성을 품은 자산이 주는 분배금은 일반 자산의 그것보다 훨씬 빠르게 커지는 경향이 있어, 시간이 지날수록 자산은 눈덩이처럼 불어날 것이다.

결국 기술주의 성장성과 고배당을 동시에 잡는 전략은 '내일의 승자'에게 미리 투자하고, 그들이 주는 열매를 즐기는 지혜로운 과정이다.

세상이 기술로 인해 더 편리해질수록 그 중심에 있는 기업들의 가치는 오르고, 그들이 주는 분배금도 함께 늘어나는 마법을 경험하게 될 것이다.

성장의 가능성을 열어두고 분배금이라는 안전망을 챙기는 이 투자의 원칙을 철저히 지킨다면, 여러분은 가장 확실하게 자산을 증식시키는 성공적인 투자자로 거듭나게 될 것이다.

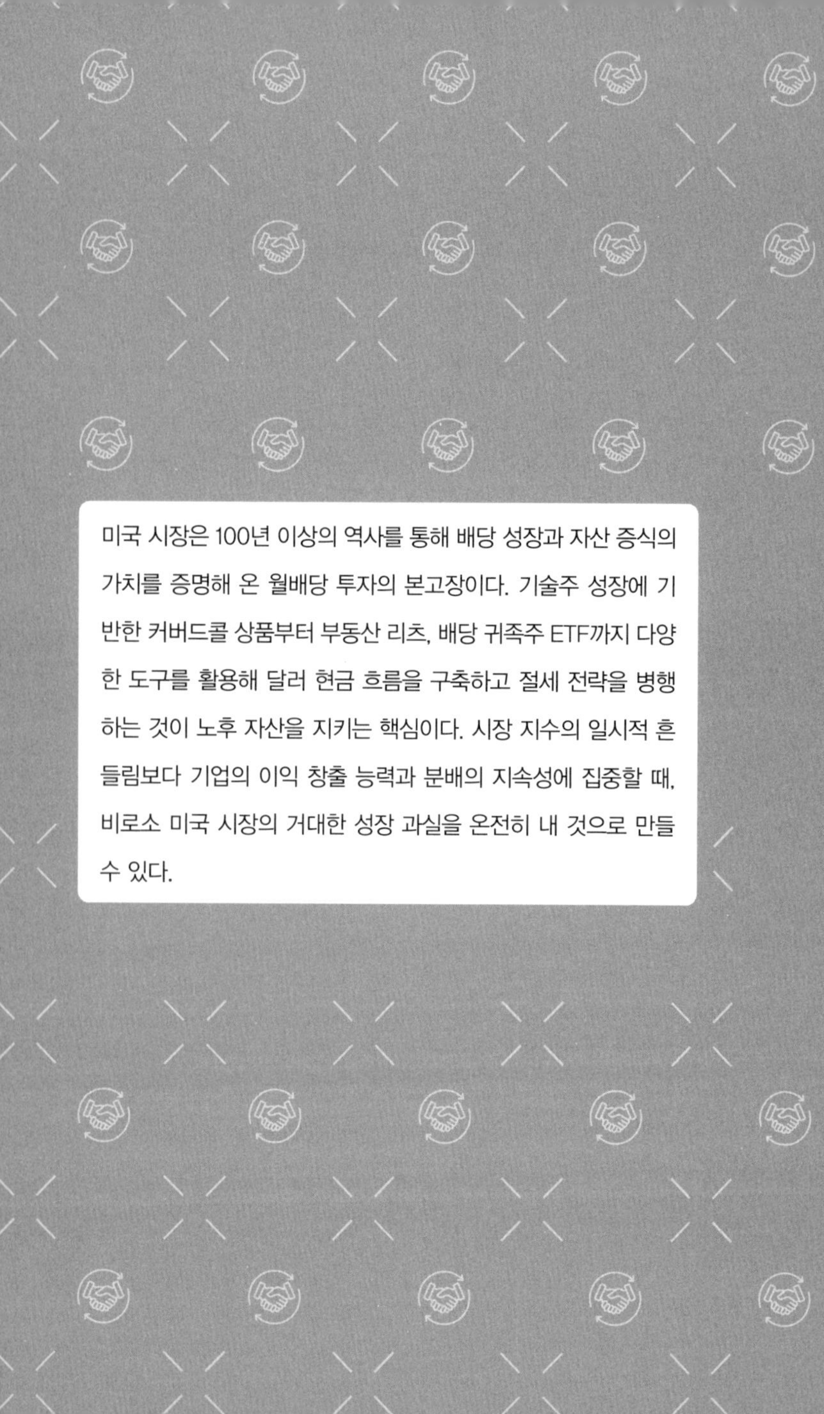

미국 시장은 100년 이상의 역사를 통해 배당 성장과 자산 증식의 가치를 증명해 온 월배당 투자의 본고장이다. 기술주 성장에 기반한 커버드콜 상품부터 부동산 리츠, 배당 귀족주 ETF까지 다양한 도구를 활용해 달러 현금 흐름을 구축하고 절세 전략을 병행하는 것이 노후 자산을 지키는 핵심이다. 시장 지수의 일시적 흔들림보다 기업의 이익 창출 능력과 분배의 지속성에 집중할 때, 비로소 미국 시장의 거대한 성장 과실을 온전히 내 것으로 만들 수 있다.

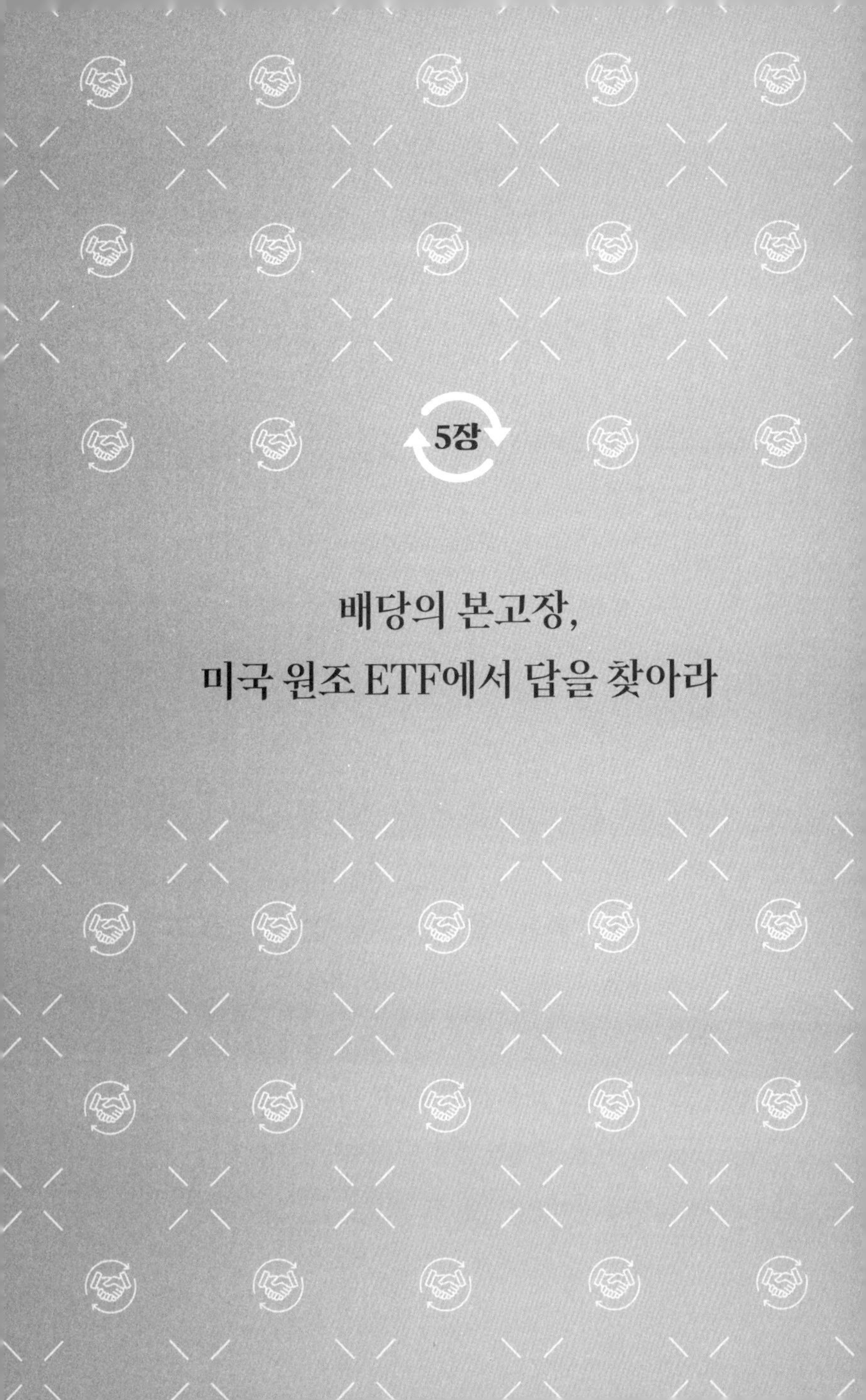

5장

배당의 본고장,
미국 원조 ETF에서 답을 찾아라

100년 넘게 배당을 준
미국 기업들의 저력을 확인하자

미국은 100년 넘게 배당을 늘려온 전설적인 기업들이 존재하는 시장이며,
이러한 기업들의 지분을 보유하는 것은
시간을 활용해 자산을 증식하는 가장 확실한 전략이다.

우리가 미국 주식에 관심을 가져야 하는 큰 이유는, 그곳에 100년이 넘는 시간 동안 한 번도 거르지 않고 배당을 늘려온 '전설적인 기업'들이 존재하기 때문이다. 한국처럼 짧은 역사를 가진 시장과는 다르게, 미국 기업들은 전쟁과 경제 위기라는 거대한 파도를 100년 동안 함께 헤쳐왔다.

이들은 돈을 버는 것에 그치지 않고, 자신들의 성장을 주주들과 나누는 것을 중요한 경영 철학으로 삼아왔다.

미국 기업들이 이렇게 오랫동안 배당을 줄 수 있는 이유는, 그들의 사업이 전 세계 사람들의 일상에 깊숙이 자리 잡은 필수재와 서비스를 다루기 때문이다.

우리가 매일 마시는 음료, 사용하는 소프트웨어 등은 경제가 나빠져도 사람들이 쉽게 포기하지 않는 것들이다. 이처럼 불황에도 꾸준히 돈을 벌어들이는 탄탄한 사업 구조를 갖췄기 때문에, 그들은 매년 주주들의 통장에 찍히는 배당금을 단 한 번도 줄이지 않고 지켜낼 수 있었다.

초보자들은 흔히 미국 주식이라 하면 당장 대박이 날 것 같은 화려한 기술주부터 떠올리지만, 진짜 보물은 100년의 역사를 가진 이런 묵직한 배당 기업들에 숨어 있다. 이 기업들은 매년 배당금을 조금씩이라도 올려주는데, 이를 '배당 성장'이라고 부르며 시간이 지날수록 여러분의 월세 수익이 저절로 늘어나는 마법을 보여준다.

내가 잠자는 동안에도 기업은 전 세계에서 돈을 벌어오고, 그 수익을 나에게 정기적으로 나누어준다는 사실이야말로 미국 배당 투자의 핵심이다.

투자를 시작한 우리에게 중요한 것은 내일 당장 오를 주식을 맞히는 게 아니라, 100년 동안 검증된 이런 기업들의 주주가 되어 시간에 올라타는 것이다. 100년 동안 꾸준히 배당을 늘려온 기업들은 그만큼 외부의 충격에도 쉽게 흔들리지 않는 강력한 체력을 가지고 있다.

시장이 출렁거려도 배당이라는 확실한 무기를 가진 기업을 보유하고 있다면, 우리는 불안함 대신 다음 배당금을 기대하는 여유를 가질 수 있다.

미국 주식은 전 세계의 자본이 몰리는 곳이기에, 우리가 가진 배당주가 100년 뒤에도 여전히 건재할 가능성은 다른 나라 주식보다 훨씬 높다. 배당금으로 다시 주식을 사는 복리의 과정을 10년, 20년 동안 반복하면, 여러분의 자산은 내가 쏟아부은 노력보다 훨씬 더 크게 성장해 있을 것이다.

100년의 역사를 가진 미국 기업의 저력을 믿고, 그들이 매달 건네주는 배당금이라는 든든한 동반자와 함께 긴 여정을 시작해보자.

배당성장주의 교과서,
슈드(SCHD)가 전설이 된 비결을 분석하라

SCHD는 재무 건전성이 우수한 우량 기업들만을 선별해
매년 분배금을 증액하므로, 시간이 지날수록 원금 대비
분배 수익률이 높아지는 복리의 마법을 경험하게 한다.

SCHD는 미국 시장에서 배당금을 해마다 늘려온 우량 기업들만 골라 담은, 배당 성장형 ETF의 대표 주자다. 이 상품은 기업이 벌어들인 수익을 바탕으로 매년 주주에게 주는 분배금을 조금씩 올려주는 종목들로 구성되어 있다.

마치 내 월급이 해마다 오르는 것처럼, 시간이 갈수록 들어오는 월 분배금도 함께 커지는 기분 좋은 경험을 할 수 있다. 이것이 바로 배당 성장형 ETF가 가진 강력한 힘이다.

SCHD가 수많은 투자자에게 사랑받는 이유는 단순히 분배금만 주는 게 아니라, 재무 상태가 매우 튼튼한 알짜 기업들만 꼼꼼하게 골라 담았기 때문이다. 여기서 재무 상태란 기업이 가진 자산 대비 부채 비율을 의미하며, 빚은 적고 현금 창출 능력은 뛰어난 기업들을 엄격하게 선별했기 때문에 시장 상황이 나빠져도 쉽게 흔들리지 않는다.

이 ETF 안에는 우리가 일상에서 매일 접하는 안정적이고 수익성 높은 100여 개의 기업들이 포함되어 있다.

초보자가 이러한 배당 성장형 ETF를 공부해야 하는 이유는, 내가 애써 일하지 않아도 시간이 지날수록 분배금이 스스로 늘어나기 때문이다. 처음에는 투자 원금의 3% 수준이던 분배금이 기업들의 성장에 힘입어 5년 뒤에는 5% 이상으로 불어나는 복리의 마법을 경험하게 된다.

배당 성장형 ETF 한 종목만 가지고 있어도 100개가 넘는 우량한 미국 기업에 한꺼번에 투자하는 효과를 낼 수 있어 매우 효율적이다. 특정 기업이 사업에 어려움을 겪더라도 나머지 기업들이 든든하게 버텨주기 때문에 위험 관리가 자동으로 이루어지는 셈이다.

투자를 처음 시작하는 우리에게는 한두 개의 주식을 직접 고르는 복잡함 대신, 이 ETF 하나를 통해 시장의 성장을 그대로 누리는 것이 가장 속 편하고 안전한 길이다.

만약 시장이 흔들려 주가가 잠시 내려간다면, 이는 오히려 더 많은 수량의 ETF를 싸게 사 모을 수 있는 좋은 기회가 된다.

이처럼 주가의 등락을 즐기며 묵묵히 ETF 수량을 늘려가는 과정이야말로 우리가 꿈꾸는 경제적 자유로 가는 가장 빠른 지름길이다.

결국 배당 성장형 ETF가 투자자들에게 전설로 불리는 이유는 화려한 기술이 아니라 기본에 충실한 성실함을 몸소 보여주기 때문이다. 내일 당장 큰돈을 벌겠다는 조급함을 버리고 10년 이상 꾸준히 성장해온 기업들의 가치를 믿고 기다린다면 누구나 부의 길에 들어설 수 있다.

나스닥 기반의 제이이피큐(JEPQ)로
변동성을 현금화하자

JEPQ는 나스닥 기술주의 성장성과 옵션 프리미엄을 결합해
시장 변동성을 현금 수익으로 전환하므로,
기술주의 잠재력과 월배당의 안정성을 동시에 추구할 수 있다.

JEPQ는 나스닥 시장에 상장된 거대 기술 기업들을 주로 담고 있으면서, 동시에 옵션 전략을 섞어 매달 현금을 지급하는 '커버드콜형 월배당 ETF'다.

나스닥이란 애플, 마이크로소프트와 같은 기술 중심의 기업들이 모여 있는 시장을 뜻하며, 주가 움직임이 크고 역동적인 것으로 유명하다. 변동성이란 주식 가격이 위아래로 크게 움직이는 정도를 의미하는데, JEPQ는 이 큰 움직임을 단순히 위험으로 두지 않고 오히려 매달 들어오는 현금 수익으로 바꾸는 재주를 가졌다.

이 ETF가 수익을 내는 운영 원리는 크게 두 가지 기둥으로 나뉜다. 하나는 나스닥의 우량 기술주들을 직접 사서 보유하며 주가 상승을 쫓아가는 것이고, 다른 하나는 이 주식들을 토대로 '콜옵션'을 매도하는 것이다.

여기서 콜옵션 매도란 미래의 특정 시점에 내가 가진 주식을 미리 정해진 가격에 살 수 있는 권리를 남에게 파는 것을 뜻한다. 우리는 이 권리를 시장에 팔고 '옵션 프리미엄'을 챙기는데, 이것이 바로 우리가 매달 챙기는 두둑한 분배금의 핵심 원천이 된다.

JEPQ가 변동성을 현금화한다는 말은 시장이 크게 출렁거릴 때 그 가치가 극대화되기 때문이다. 시장이 위아래로 흔들려 사람들이 불안해할수록, 주가가 어떻게 변할지 예측하기 어려워져서 주식을 살 권리인 '콜옵션'의 가격이 비싸진다. 즉 시장이 불안해질수록 이 ETF는 더 높은 프리미엄을 챙겨 우리에게 분배금으로 나누어준다.

이는 일반적인 배당형 ETF가 줄 수 없는 독보적인 현금 흐름 창출 방식이다.

JEPQ는 성장이 기대되는 기술주의 잠재력과 매달 들어오는 현금의 안정성을 한 번에 잡고 싶은 투자자를 위한 도구다. 우리가 직접 주식의 변동성을 관리하려면 매우 힘들지만, 이 ETF는 전문가들이 기계적인 시스템을 통해 알아서 수익을 챙겨준다.

주가가 오를 때는 기술주 본연의 성장을 일정 부분 누리면서도, 주가가 횡보하거나 흔들릴 때는 현금을 챙겨주니 투자자의 마음을 훨씬 편안하게 만들어준다.

물론 기술주의 비중이 높기 때문에 시장이 너무 크게 하락하면 원금 손실을 완전히 피하기는 어렵다. 하지만 일반적인 기술주형 ETF에만 투자했을 때보다 매달 들어오는 분배금 비중이 크기 때문에, 하락장에서 느끼는 심리적 타격은 훨씬 작다.

들어오는 분배금을 재투자해 더 많은 수량을 확보해두면, 나중에 시장이 반등할 때 이전보다 더 큰 수익을 맛볼 수 있는 복리의 구조가 완성된다.

결국 JEPQ에 투자하는 것은 시장이 주는 변동성이라는 선물을 현금으로 바꾸어 내 것으로 만드는 시스템을 구축하는 일이다.

주가가 오를지 내릴지 맞히려고 애쓰기보다, 흔들리는 시장 속에서 꼬박꼬박 나오는 월세를 챙기며 묵묵히 ETF 수량을 늘려가자. 이 현금의 힘을 믿고 꾸준히 투자를 이어간다면, 시장의 어떤 폭풍우 속에서도 흔들리지 않는 튼튼한 자산을 쌓아갈 수 있을 것이다.

달러 월세통장,
부동산 월배당 ETF로 시작하라

부동산 월배당 ETF는 거액의 자금 없이도 소액으로
미국 상업용 부동산에 분산 투자해 매달 달러 현금 흐름을 창출하는
효율적인 디지털 월세 통장이다.

부동산 월배당 ETF는 리얼티 인컴과 같은 우량한 리츠(REITs) 종목들을 한데 모아 바구니에 담은 금융 상품이다. 우리가 직접 대형 빌딩이나 창고를 사들여 건물주가 되려면 거액의 자금과 복잡한 관리 과정이 필요하지만, 이 ETF를 매수하면 소액으로도 미국 전역의 수백 개 상업용 부동산에 분산 투자하는 효과를 낼 수 있다.

매달 꼬박꼬박 달러로 입금되는 '월세 받는 통장'을 소유하는 것, 이것이 바로 부동산 월배당 ETF가 주는 핵심적인 혜택이다.

실전에서 가장 많이 활용되는 대표적인 부동산 월배당 ETF로는 'O(리얼티 인컴)'를 포함한 주요 리츠를 집중적으로 담은 ETF들이 있다.

대표적으로 'VNQ(Vanguard Real Estate ETF)'는 미국 부동산 시장 전체에 투자하는 가장 거대한 ETF로 꼽히며, 부동산 시장의 성장을 고스란히 담아낸다.

또한 매달 분배금을 받는 것이 중요하고 구체적인 운용 전략이 필요하다면, 'SRET(Global X SuperDividend REIT ETF)'와 같이 고배당 리츠를 집중적으로 모아 높은 현금 흐름을 강조한 상품도 있다.

이러한 ETF들의 운영 원리는 강력하다. ETF가 담고 있는 리츠 기업들이 편의점, 약국, 물류 창고 등 우량한 세입자들과 장기 임대 계약을 맺고 월세를 받으면, 그 수익을 모아 투자자에게 매달 분배금으로 지급하는 구조다.

리얼티 인컴과 같은 리츠들은 건물 유지 보수나 세금 부담을 세입자가 지도록 설계되어 있어, 건물 관리의 번거로

움 없이 오직 현금 흐름에만 집중할 수 있다.

부동산 월배당 ETF의 가장 큰 특징은 개별 종목의 리스크를 분산한다는 점이다. 리얼티 인컴, 한 종목에만 투자하면 해당 기업의 경영 이슈나 개별 건물 관리 위험에 노출될 수 있지만, 50~100개가 넘는 다양한 부동산에 투자된 ETF는 특정 리츠의 수익이 줄어들더라도 전체적인 분배금의 안정성을 지켜준다.

미국 부동산 시장은 탄탄한 경제력을 바탕으로 장기적인 성장을 지속해왔기에, 그 흐름에 올라타 달러 현금을 확보하는 것은 매우 효율적인 자산 운용 방식이다.

투자를 시작한 우리에게 부동산 월배당 ETF는 기술주와는 전혀 다른 성격의 '든든한 수비수' 역할을 한다. 주가가 급등락하는 성장형 ETF가 축구의 공격수라면, 부동산 월배당 ETF는 어떤 상황에서도 골문을 지키는 골키퍼처럼 나의 자산을 방어하고 꾸준한 현금을 만들어낸다. 기술주가 시장의 분위기를 탈 때, 이 ETF는 변함없이 매달 월세를 넣어주며 투자의 피로도를 크게 덜어준다.

결국 부동산 월배당 ETF에 투자하는 것은 단순히 주식을 사는 행위가 아니라, 미국이라는 거대한 시장에 내 작은 건물을 한 채씩 차곡차곡 쌓아 올리는 과정이다.

여러분이 이 확실한 달러 현금 흐름을 확보해 둔다면, 시장의 어떤 풍파 속에서도 흔들리지 않는 든든한 노후를 맞이하게 될 것이다.

미국 직구와 국내 상장 ETF 중
유리한 쪽을 골라보자

미국 직구는 달러 자산 직접 보유에 유리하고 국내 상장 ETF는
절세 계좌를 통한 세금 통제에 강점이 있으므로,
자신의 투자 자산 규모와 목적에 맞춰 선택해야 한다.

미국 시장의 월배당 ETF에 직접 투자하는 방법과 국내 증권사를 통해 한국 시장에 상장된 ETF를 선택하는 방법에는 명확한 차이가 있다.

직접 투자하는 미국 직구는 달러를 사용해 원조 상품을 매수하는 방식이며, 국내 상장 ETF는 원화로 편리하게 접근하는 방식이다. 두 방식 모두 각기 다른 세금 체계와 수수료 구조를 가지고 있으므로 자신의 투자 규모와 목적에 맞는 전략을 세우는 것이 중요하다.

미국 시장에 상장된 원조 ETF를 직접 매수하면 운용 보수가 저렴하고 달러라는 안전 자산을 포트폴리오에 직접 보유할 수 있다는 강력한 장점이 있다. 수천 개가 넘는 다양한 상품 중에서 자신의 성향에 맞는 월배당 자산을 고를 수 있다는 점은 직구 투자의 가장 큰 매력이다.

다만 연간 수익이 250만 원을 초과하면 22%의 양도소득세를 내야 하므로 자산이 커질수록 세금 부담이 고정적으로 발생한다는 점을 고려해야 한다.

국내 증권사를 통해 원화로 투자하는 국내 상장 ETF는 ISA나 연금저축펀드 같은 절세 계좌를 활용할 수 있어 세금 혜택이 매우 크다. 매매 차익이나 분배금에 대한 세금을 당장 내지 않고 나중으로 미룰 수 있어 복리 효과를 극대화하려는 장기 투자자에게 유리한 구조를 갖추고 있다.

다만 상품 내부의 운용 보수가 직구 상품보다 상대적으로 조금 더 높게 책정될 수 있으므로 비용 구조를 꼼꼼하게 따져보고 선택하는 것이 좋다.

매년 1천만 원의 수익이 발생할 때 미국 직구 방식은 기본 공제 후 22%의 세율을 적용받아 약 165만 원의 세금을 납부하게 된다. 반면 연금저축계좌를 활용해 국내 상장 ETF에 투자하면 당장의 세금 없이 나중에 연금으로 수령하며 3.3~5.5%의 연금소득세를 내야 한다.

이처럼 낮은 세율을 적용받아 실질적인 세금 부담을 크게 줄일 수 있다. 수익이 늘어날수록 세금 납부 금액에서 큰 차이가 발생하므로 자산이 커질수록 절세 계좌를 활용하는 가치는 더욱 뚜렷하게 증명된다.

투자의 시작 단계에서는 절세 계좌를 활용해 세금을 아끼면서 몸집을 불려 나가는 국내 상장 ETF로 접근하는 것이 심리적으로나 경제적으로 훨씬 편안하다. 자산이 커져 더 다양한 상품군이 필요하거나 달러 자산을 직접 운영하고 싶은 단계가 오면 미국 시장으로 넘어가 직구 투자를 시작하는 전략이 유효하다.

월배당 ETF 투자는 단순한 수익률 싸움이 아니라 세금과 수수료라는 비용을 통제해 실질적인 수익을 지켜내는 정교한 싸움과 같다.

25년 넘게 분배금을 늘려온
'배당 귀족주 ETF'로 자산을 늘리자

25년 이상 분배금을 늘려온 배당 귀족주 ETF는 경기 상황과 관계없이
꾸준히 현금을 창출하는 강력한 방어 기제이며,
장기 투자 시 자산의 기초 체력을 상당히 높인다.

'배당 귀족주 ETF'란 미국 주식 시장에서 최소 25년 동안 단 한 번도 빠짐없이 매년 분배금을 인상해 온 우량 기업들을 골라 담은 ETF를 말한다. 25년이라는 긴 시간 동안 이를 계속 늘려왔다는 것은 그만큼 해당 기업들이 매년 튼튼하게 성장하고 있다는 강력한 증거다.

이 기업들이 이렇게 오랫동안 분배금을 올릴 수 있는 이유는 우리가 일상에서 매일 사용하는 필수 소비재나 서비스를 제공하기 때문이다.

예를 들어 매일 쓰는 세제, 치약, 혹은 누구나 마시는 음료수처럼 경제가 아무리 어려워져도 사람들은 이런 물건들을 쉽게 끊지 못한다. 즉 경기를 크게 타지 않고 꾸준히 현금을 벌어들이는 탄탄한 사업 기반이 있기 때문에 매년 주주들에게 분배금을 늘려줄 여유가 생기는 것이다. 이런 우량주들을 모아놓은 대표적인 ETF로는 'NOBL(ProShares S&P 500 Dividend Aristocrats ETF)'이 있다.

초보자가 배당 귀족주 ETF를 공부해야 하는 가장 큰 이유는 시장이 흔들릴 때 이들이 주는 분배금이 든든한 방어막이 되어주기 때문이다. ETF의 주가는 시장 상황에 따라 오르락내리락하지만, 이 ETF에 포함된 기업들은 주가가 떨어져도 매년 늘어나는 분배금을 지급하기 때문에 투자자들은 심리적으로 훨씬 안정을 느낄 수 있다.

배당 귀족주 ETF 투자의 핵심은 시간이 지날수록 내가 받는 현금의 크기가 커지는 복리 효과에 있다.

예를 들어 수년 전 이 ETF를 매수했다면 초기에는 분배금이 작았겠지만, 매년 구성 기업들의 분배금이 늘어난 덕분에 지금은 처음 투자한 원금 대비 훨씬 더 큰 현금을 받는 셈이 된다. 이를 통해 ETF 수량을 늘리지 않고 가만히 보유만 해도 시간이 지날수록 매달 내 계좌에 찍히는 현금은 자동으로 불어난다.

투자를 시작한 우리에게 배당 귀족주 ETF는 대박을 노리는 공격수가 아니라, 묵묵히 내 자산을 지키고 키워주는 성실한 수비수와 같은 존재다.

당장 내일 수익이 나는 것에 집착하기보다 25년 동안 위기를 극복하고 분배금을 늘려온 이 기업들의 성실함을 믿고 차분하게 ETF를 모아가자.

이런 자산들을 모아간다면, 시간이 지날수록 여러분의 자산은 그 어떤 경제 위기에도 흔들리지 않을 만큼 단단해질 것이다.

미국 3대 지수 흐름이
내 배당금에 미치는 영향을 파악하라

시장 지수는 경제의 온도계일 뿐이며, 주가 등락에 흔들리기보다
기업이 지급하는 배당금의 실질적 흐름을 보며
일관된 투자 철학을 유지하는 것이 중요하다.

미국 주식 시장에는 S&P 500, 나스닥, 다우존스라는 세 가지 거대한 지수가 존재한다. 이 지수들은 미국 경제 전체가 지금 어떤 상태인지 알려주는 커다란 온도계와 같다.

하지만 우리는 이 지수의 등락에만 집중하느라 정작 중요한 배당금의 의미를 놓치곤 한다. 지수는 수많은 기업의 가격을 평균 낸 값일 뿐, 배당금이 줄어든다는 것을 직접적으로 의미하지는 않는다.

많은 투자자가 지수가 내려가면 내 배당금도 줄어들 것이라 생각해 공포에 질려 주식을 팔아버린다. 하지만 가격이 일시적으로 떨어졌다고 해서 기업이 주주에게 주는 현금 보상까지 즉시 사라지는 것은 아니다.

오히려 지수가 낮아지는 것은 배당 투자자에게 더 적은 돈으로 더 많은 배당주를 살 수 있는 절호의 기회다. 지수가 내려가 주가가 싸지면 같은 금액으로 주식을 더 많이 살 수 있고, 그만큼 미래에 받을 배당금은 더 커진다.

지수 하락을 공포가 아닌 배당 수량을 늘리는 수확의 시기로 이해해야 진정한 투자의 통찰이 생긴다. 우리가 공부한 배당 귀족주나 슈드(SCHD)와 같은 상품들은 지수가 크게 흔들려도 배당을 유지하려는 강한 성질을 가지고 있다.

지수는 수많은 성장주들이 포함되어 있어 변동성이 크지만, 배당주는 사업의 안정성을 우선으로 하기 때문에 지수보다 훨씬 단단한 모습을 보인다. 이런 차이를 이해하면 시장 전체가 흔들릴 때도 당황하지 않고 배당금이라는 확실한 현금에 집중할 수 있다.

시장 지수를 확인하는 것은 내일의 날씨를 확인하는 것과 같아서 투자의 방향을 잡는 참고 자료로만 써야 한다. 지수가 좋지 않다고 해서 배당을 주는 기업들이 갑자기 돈을 못 벌게 되는 것은 아니라는 점을 기억하자.

우리는 주식의 가격이라는 숫자보다 기업이 매달 혹은 매 분기 보내주는 현금이라는 실체에 집중해야 한다. 가격은 시장이 정하지만, 배당은 기업이 정하기 때문에 지수와 배당은 서로 별개의 길을 걷는다는 사실을 인지해야 한다.

시장 지수는 바다 위의 파도라면 배당금은 그 파도 속에서도 꾸준히 나아가는 배의 엔진과 같다. 파도가 높다고 엔진을 끄는 것이 아니라 오히려 파도를 이용해 더 멀리 나아가는 지혜를 발휘해야 한다.

지수의 흐름을 차분히 관찰하되 흔들리지 말고 여러분이 모아가는 배당이라는 엔진의 힘을 믿고 끝까지 나아가자.

시장의 소음은 시간이 지나면 사라지지만, 기업이 보내주는 달러 월세는 여러분의 미래를 지키는 가장 확실한 자산으로 남을 것이다.

한국 시장에 상장된 월배당 ETF들은 거래 편의성과 비용 효율성, 그리고 정교한 운용 전략을 통해 은퇴자가 실질적인 월급 통장을 만들 수 있도록 진화하고 있다. 투자자는 단순히 규모가 큰 1위 상품에 의존하기보다 각 상품이 가진 보수 구조와 전략적 강점을 비교해 자신의 목적에 맞는 포트폴리오를 설계해야 한다. 지급 주기 관리와 전략형 상품의 배합을 통해 투자의 피로도를 낮추고 안정적인 현금 흐름을 구축할 때, 비로소 한국형 은퇴 설계의 완성을 경험할 수 있다.

6장

한국형 은퇴 설계,
대세 ETF를 공략하라

TIGER 미국배당다우존스가
월배당 ETF 시장의 1위인 비결은?

TIGER 미국배당다우존스는 압도적인 거래량과 운용 규모를 바탕으로
투자자에게 높은 신뢰와 환금성을 제공하며
국내 월배당 시장의 기준점이 되었다.

국내 월배당 ETF 투자자들 사이에서 'TIGER 미국배당다우존스'는 압도적인 1위 자리를 지키고 있다. 여기서 TIGER는 미래에셋자산운용이라는 브랜드가 만든 ETF의 이름이고, 미국배당다우존스는 미국의 우량한 배당 성장주들을 선별해 구성한 지수를 의미한다.

초보자 입장에서는 수많은 월배당 ETF 중에서 왜 유독 이 상품이 독보적인 인기를 누리는지, 그 비결을 파악하는

것이 투자의 첫걸음이다.

가장 큰 비결은 시장에 가장 먼저 등장해 투자자들의 신뢰를 선점했다는 점이다. 많은 투자자가 모여 있는 곳은 거래가 활발해 내가 원할 때 바로 ETF를 사고팔 수 있다는 강력한 장점이 있다.

월배당 ETF 시장에서 거래량이 많다는 것은 내 자산을 언제든지 현금화할 수 있는 안전한 문이 넓게 열려 있다는 뜻으로, 이는 초보 투자자에게 중요한 선택 기준이 된다.

또한 TIGER는 거대한 운용 규모를 바탕으로 '규모의 경제'를 달성했다. 투자자가 많아지면 운용사는 상품을 더 효율적으로 운영할 수 있고, 그 과정에서 쌓인 노하우는 다시 더 많은 투자자를 불러모으는 선순환을 만든다. 이는 눈덩이를 굴릴수록 점점 커지는 복리처럼, 규모 자체가 만들어 낸 강력한 경쟁력이다.

운용사의 브랜드 파워와 마케팅 능력도 무시할 수 없다. 투자자들에게 월배당 투자의 중요성을 꾸준히 교육하며 시장 전체를 키워온 역할이 컸다. 처음 시작하는 사람들은 생소한 이름의 상품보다 대형 운용사가 운영하는 검증된 상품을 선택하게 마련이다.

TIGER는 이러한 심리를 정확히 파악해 배당 성장이라는 가치를 국내 월배당 시장에 성공적으로 안착시켰다.

수수료 측면에서도 이 상품은 국내 월배당 ETF 시장의 기준점이 되며 투자자들이 납득할 만한 비용을 유지한다. 규모가 큰 만큼 운용 효율성이 높아서 투자자가 부담해야 할 불필요한 비용을 최소화할 수 있는 구조를 갖춘 것이다.

비용이 낮다는 것은 장기 투자에서 수익률을 갉아먹는 구멍을 막는 것과 같아서, 시간이 흐를수록 이 차이는 큰 수익의 격차로 돌아온다.

결국 1위의 비결은 단순히 마케팅의 승리가 아니라, 거래의 편리함과 운용의 안정성, 그리고 투자자가 체감하는 신뢰가 결합한 결과물이다.

1등 상품이 무조건 수익을 보장하는 것은 아니지만, 최소한 초보자가 겪을 수 있는 거래의 불편함이나 불안감을 해소해준다는 점은 높게 평가할 만하다. 이 상품을 기준으로 삼는다면, 시장이라는 큰 파도 위에서 흔들리지 않는 튼튼한 배를 고르는 셈이다.

ACE 미국배당다우존스,
수수료와 효율성으로 승부수를 던지다

ACE 미국배당다우존스는 후발 주자로서
낮은 운용 보수를 앞세워 투자자의 실질 수익률을 극대화하는
비용 효율적인 대안을 제시한다.

ACE는 한국투자신탁운용이 운영하는 브랜드인데, 기존 1위 상품보다 더 낮은 수수료라는 강력한 무기를 들고 시장에 도전장을 내밀었다.

ACE 미국배당다우존스는 후발 주자라는 불리함을 극복하기 위해 기존 1위 상품인 TIGER보다 더 낮은 보수를 책정해 월배당 시장의 판도를 흔들고 있다.

투자자 입장에서 보수는 눈에 보이지 않지만 매년 내 자산에서 자동으로 빠져나가는 '눈먼 돈'과 같다. 아주 작은 %의 차이만으로도 10년 뒤 결과는 크게 달라진다. 단순히 거래량이 많다는 이유로 보수가 높은 상품을 고집하는 것은 장기적으로 스스로의 수익을 갉아먹는 행위다.

가치 투자의 거장 벤저민 그레이엄은 가격은 지불하는 것이고, 가치는 얻는 것이라고 강조했다.

브랜드라는 이름값을 얻기 위해 높은 수수료를 지불하는 대신, 실속 있는 투자자는 비용을 최소화하고 높은 가치를 얻는 쪽을 택한다. 주식 시장에서 수수료라는 가격을 낮추는 것은, 곧 여러분의 최종 수익률이라는 가치를 극대화하는 가장 직관적인 전략이다.

ACE의 거래량이 기존 1위 상품에 비해 다소 적다는 점은 사실이지만, 일상적인 투자를 하는 개인에게는 큰 문제가 되지 않는다. 수천억 원을 한 번에 사고파는 큰손이 아니라면, 일일 거래량의 차이로 인해 ETF를 제때 팔지 못할까 봐 걱정할 필요는 없다.

미세한 유동성 차이보다는 매년 내 주머니에서 나가는 '확실한 비용'인 수수료를 아끼는 것이, 여러분의 노후 자산에는 훨씬 큰 이득이다.

이제 여러분은 명성에 안주할지, 아니면 더 효율적인 비용 구조를 가진 실리를 취할지 선택해야 한다. 자산 규모가 커질수록 보수의 차이가 만드는 비용은 여러분의 자산이라는 거대한 눈덩이를 굴리는 데 큰 저항이 되기 시작한다.

단순히 대중이 선택하는 길을 따라가는 대신, 매년 나가는 보수를 스스로 비교하고 내 목적에 맞는 합리적인 상품을 선택하는 훈련을 시작해야 한다.

결국 1위와 후발 주자의 대결은 누가 더 투자자의 마음을 읽고 합리적인 비용을 제시하느냐에 따라 결정되며, 그 결과물은 온전히 여러분의 통장에 쌓이는 분배금이 된다. 브랜드 이름보다는 내 자산을 불려주는 실질적인 효율을 믿고, 비용의 차이가 만드는 복리의 마법을 긍정적으로 바라보자. 지금 내는 보수의 차이가 미래의 은퇴 자금을 결정한다는 사실을 잊지 말자.

코덱스(KODEX) 배당 프리미엄 상품의
강점을 기억하자

KODEX 배당 프리미엄 상품은 삼성자산운용의 운용 역량을
바탕으로 변동성을 수익으로 전환하는 커버드콜 전략을 활용해
안정적인 현금 흐름을 제공한다.

코덱스(KODEX)는 삼성자산운용의 대표 브랜드로, 국내 ETF 시장에서 가장 오랜 기간 신뢰를 쌓아온 ETF 중 하나다. 배당 프리미엄이라는 명칭이 붙은 상품들은 일반적인 배당주 투자에 '커버드콜' 전략을 덧입혀, 변동성을 줄이고 조금 더 높은 현금 수익을 추구하는 특징이 있다.

여기서 커버드콜이란 주식을 보유한 상태에서 해당 주식을 살 수 있는 권리를 팔아 추가적인 수익(프리미엄)을 얻는 방식을 말한다.

일반적인 배당주 ETF가 기업이 주는 배당금에만 의존한
다면, 코덱스(KODEX) 배당 프리미엄 상품은, 이 '프리미엄'
을 통해 배당금을 추가로 확보한다. 시장이 크게 오르지 않
는 횡보장에서도 꾸준한 수익을 낼 수 있다는 점이 가장 큰
강점이다.

이 상품이 신뢰받는 이유는 삼성자산운용이라는 거대 운
용사가 가진 풍부한 데이터와 안정적인 운용 시스템 때문
이다. 배당 프리미엄 전략은 시장 상황에 따라 권리를 사고
파는 타이밍이 중요한데, 큰 운용사일수록 이러한 전략을
기계적이고 규칙적으로 실행할 수 있는 역량이 뛰어나다.

규모가 크고 체계적인 운용사가 상품을 다루면 투자자
입장에서는 엉뚱한 실수를 할 걱정을 덜고 긴 호흡의 투자
를 이어갈 수 있다.

코덱스(KODEX) 배당 프리미엄 상품의 또 다른 강점은 시
장의 변동성을 효율적으로 현금으로 바꾼다는 데 있다. 시
장이 불안정할 때 사람들은 가격 변동에 예민해지는데, 이
상품은 그 변동성 자체를 이용해 더 높은 보험료(콜옵션 프리

미엄)를 챙긴다. 즉 남들이 불안해할 때 그 불안함을 배당이라는 현금으로 바꾸어 투자자에게 돌려주는 셈이다.

물론 시장이 폭발적으로 상승하는 강세장에서는 일반 배당주보다 수익률이 다소 뒤처질 수도 있다. 주가가 오를 때 내가 가진 권리가 팔려나가면서 상승 이익이 일정 수준으로 제한되기 때문이다.

하지만 은퇴 이후 안정적인 현금 흐름을 가장 중요하게 생각하는 투자자에게는, 이런 제한적인 상승이 오히려 규칙적이고 예측 가능한 현금 수입이라는 더 큰 선물이 된다.

결국 코덱스(KODEX) 배당 프리미엄은 '성장'보다는 '현금'에 방점을 찍고 싶은 이들에게 아주 적합한 도구다. 신뢰할 수 있는 운용사의 시스템을 믿고, 매달 들어오는 배당금이라는 확실한 결과물을 통해 자산의 체력을 키워보자.

금리 하락기에 유망한
국채 커버드콜 상품을 파악하자

국채 커버드콜 상품은 금리 하락기에 채권 가격 상승과 옵션 프리미엄 수익을 동시에 추구할 수 있어, 노후 자산의 변동성을 방어하고 현금 창출력을 높이는 전략적 도구다.

먼저 우리가 자주 접하는 '커버드콜'이라는 용어부터 명확히 짚고 넘어가자. 쉽게 비유하자면, 커버드콜은 '내가 가진 집을 세입자에게 빌려주고 월세를 받는 동시에, 그 집값이 일정 수준 이상 오르면 세입자에게 미리 정한 가격에 팔기로 약속하고 미리 돈을 챙기는 것'과 같다.

주식을 가진 채로 그 주식을 살 수 있는 권리를 남에게 팔아 그 대가로 추가 현금을 받는 것인데, 이 현금이 바로 우리가 매달 챙기는 두둑한 배당금의 원천이 된다.

이 전략은 금리 하락기에 왜 유망할까? 금리가 내려가면 채권의 가격은 자연스럽게 오르는데, 이때 국채 커버드콜 상품을 가지고 있으면 채권 가격 상승으로 인한 자산 가치 상승을 누릴 수 있다.

여기에 더해 채권을 살 수 있는 권리를 남에게 팔아받은 '보험료' 같은 현금까지 매달 들어오니, 채권 수익과 배당 수익이라는 두 마리 토끼를 동시에 잡는 셈이다. 주식 시장이 널뛰기할 때 채권이라는 안정적인 터전에서 월세를 받는 구조는 초보자에게 아주 매력적인 선택지다.

금리 하락기에 이 상품을 검토해야 하는 이유는 경제 환경이 바뀔 때 채권이라는 자산이 가진 방어적인 성격 때문이다. 주식 시장은 금리 변화에 민감하게 반응하지만, 국채는 국가가 보증하는 안정적인 자산이라 마음 편히 투자를 이어갈 수 있게 해준다.

금리가 떨어지면 채권 가격이 오르며 자산이 불어나고, 여기에 매달 나오는 배당금까지 더해지니 여러분의 은퇴 설계에 가장 적합한 방어막이 완성되는 것이다.

투자를 시작한 우리에게 중요한 것은 '내가 가진 배당 시스템이 어떤 시장 상황에서 빛을 발하는가'를 이해하는 안목이다. 금리가 떨어지는 시기에는 채권 커버드콜이라는 배를 타고, 시장의 파도를 이용해 현금을 만들어내는 과정은 투자의 고수로 나아가는 첫걸음이다.

자산의 가치를 보호하면서도 현금 수익을 극대화하려는 전략은, 여러분의 자산을 그 어떤 폭풍우 속에서도 흔들리지 않게 지켜줄 것이다.

결국 커버드콜이라는 복잡해 보이는 전략도 본질은 '안정적인 자산 위에서 추가 현금을 만들어내는 효율적인 방법'에 불과하다.

시장의 소음에 일희일비하지 말고 금리 하락기의 수혜를 온전히 누리며, 매달 들어오는 배당금으로 여러분만의 경제적 자유를 설계해 나가자.

시총 상위권 대형 ETF들이 제공하는
안정성을 확인하라

시총 상위권의 대형 ETF는 거래가 활발하고 운용 비용이 낮으며
상품 폐지 위험이 적어, 초보 투자자가 시장의 소음에서 벗어나
안정적으로 장기 투자를 이어가기에 최적화되어 있다.

주식 시장에서 '시가총액 상위권 대형 ETF'란 말 그대로 투자자들에게 가장 많은 선택을 받은, 덩치가 큰 상품들을 의미한다. 대형 ETF가 시장에서 큰 사랑을 받는 데는 그만큼의 이유가 있으며, 그 첫 번째는 바로 '거래의 편리함'이다.

시총 상위권의 대형 ETF는 시장에 많은 투자자가 모여 있어 내가 주식을 사고 싶을 때 언제든 적절한 가격에 살 수 있고, 팔고 싶을 때 즉시 현금화할 수 있다.

반면 거래량이 적은 소형 ETF는 내가 팔고 싶어도 사려는 사람이 없어 주가를 낮추며 팔아야 하는 난처한 상황이 발생할 수 있다. 초보자에게는 수익률을 1% 더 올리는 것보다, 필요할 때 내 자산을 즉시 현금으로 바꿀 수 있는 이 '유동성'이라는 안전장치가 훨씬 중요하다.

둘째, 대형 ETF는 운용사가 상품을 유지하기 위한 비용 효율이 매우 뛰어나다. 운용사는 펀드 규모가 클수록 운영비용이 분산되어 투자자에게 부과하는 수수료를 낮출 수 있다. 규모가 큰 대형 ETF는 시장의 작은 변동에도 상품이 폐지되거나 운영이 중단될 걱정 없이 묵묵히 제 갈 길을 향해 간다.

초보자가 시총 상위권 대형 ETF를 선택해야 하는 가장 중요한 통찰은 '예측 가능성'이다. 거대 운용사들이 관리하는 대형 ETF는 운용 시스템이 매우 정교하게 짜여 있어, 추종하고자 하는 지수의 흐름을 아주 정확하게 따라간다.

반면 검증되지 않은 작은 상품들은 예상치 못한 변수로 인해 지수와 내 수익률이 따로 노는 경우가 발생하는데, 이런 불확실성은 초보 투자자를 불안하게 만드는 주범이다.

물론 대형 ETF라고 해서 주식 시장의 하락을 피해 갈 수는 없지만, 최소한 '운용사의 실수'나 '시장 조작' 같은 외부적인 요인으로 인해 소중한 자산이 위험해질 확률을 낮출 수 있다.

여러분은 오직 시장이 성장하느냐, 아니냐만 고민하면 될 뿐, 상품 자체의 구조적인 문제에 대해서는 걱정하지 않아도 된다. 투자의 가장 큰 적은 불안함인데, 시총 상위권 상품은 그 불안함을 제거해주는 든든한 울타리다.

결국 대형 ETF가 제공하는 안정성은 여러분이 긴 시간 동안 배당 투자를 이어갈 수 있게 해주는 심리적인 토대다.

신흥 강자로 떠오르는
국내 배당 전략형 월배당 ETF에 주목하라

AI와 빅데이터 기반의 전략형 월배당 ETF는
기존 상품의 한계를 보완하며 시장 변화에 민감하게 대응할 수 있는
혁신적인 포트폴리오를 구성하게 돕는다.

월배당 ETF 시장은 생각보다 훨씬 빠르게 진화하고 있다. 과거에는 단순히 우량주를 모아 분배금을 주는 것이 전부였다면, 최근에는 시장의 변동성을 수익으로 전환하거나 특정 전략을 가미한 '전략형 월배당 ETF'들이 신흥 강자로 떠오르고 있다.

신흥 강자들은 기존 상품들이 가진 약점을 파고든다. 예를 들어 단순히 지수를 추종하는 것을 넘어 '커버드콜' 전략을 극대화해 분배율을 높이거나, 매일 발생하는 옵션 프리미엄을 수익화하는 방식을 취한다.

대표적인 상품으로는 'TIGER 미국배당+7%프리미엄다우존스'나 'KODEX 미국배당프리미엄액티브' 등이 있는데, 이들은 매달 안정적인 현금 흐름을 창출하기 위해 최신 금융 공학을 도입한 정교한 시스템을 갖추고 있다.

이런 신상품들에 주목해야 하는 이유는 여러분의 은퇴 포트폴리오에 다양성을 불어넣어주기 때문이다. 모두가 똑같은 대형 상품만 들고 있을 때, 여러분은 이러한 전략형 ETF를 섞어 시장의 변화에 더 유연하게 대응할 수 있다.

특히 최근 출시되는 상품들은 인공지능이나 빅데이터를 활용해 배당을 줄일 가능성이 큰 기업을 실시간으로 걸러내고, 하락장에서도 분배금을 안정적으로 지급하기 위해 설계된 고도의 기술을 사용한다.

신흥 강자라고 해서 무턱대고 투자하는 것은 위험하다. 새로운 전략일수록 시장에서 검증된 시간이 짧기 때문에, 실제 분배금이 꾸준히 들어오는지 혹은 운용사가 약속한 전략이 변동성 큰 장세에서 잘 돌아가는지 확인해야 한다.

신상품을 고를 때는 운용사가 제시하는 '운용 철학'이 명확한지, 과거 데이터를 시뮬레이션했을 때 얼마나 안정적인 성과를 냈는지를 살펴보는 신중함이 필수적이다.

너무 공격적인 전략보다는 신뢰할 만한 대형 운용사가 만든 상품 중에서, 기존의 배당 방식과 차별화된 매력을 가진 상품을 소액으로 먼저 경험해 보라.

여러분이 만든 배당 엔진에 이런 전략적인 상품들이 하나둘씩 추가될 때, 여러분의 포트폴리오는 시장의 어떤 상황에서도 당당할 것이다.

기존 상품의 안정성 위에서 이런 혁신적인 상품들의 수익성을 가미한다면, 여러분은 훨씬 더 빨리 경제적 자유라는 목적지에 다다를 수 있을 것이다.

월배당 ETF 투자에서 수익률을 높이는 것보다 중요한 것은 눈에 보이지 않는 실질 비용과 운용 효율성을 철저히 통제해 자산이 새어 나가는 구멍을 막는 것이다. 운용보수 외에 숨겨진 기타 비용과 매매 수수료, 괴리율 등을 분석해 가장 비용 효율적인 상품을 선택하는 것이 장기적인 배당 시스템의 성패를 좌우한다. 비용이라는 이름의 침입자를 철저히 차단하고 운용사의 성적표인 추적오차를 감시할 때, 비로소 시장의 평균 수익을 온전히 내 계좌로 가져올 수 있다.

월배당 ETF의 숨은 비용,
수수료부터 줄여라

보수 뒤에 숨겨진
'기타 비용'과 '매매 비용'을 추적하라

ETF의 보수 외에도 운용 과정에서 발생하는
기타 비용과 매매 비용이 실질 수익을 크게 갉아먹으므로
연간 실질 비용을 꼼꼼히 확인해야 한다.

주식 시장에서 '총보수 0.1%'라는 숫자는 식당 메뉴판 가격과 같다. 실제 결제할 때는 서비스 요금과 세금이 붙듯, ETF도 운영 과정에서 '기타 비용'과 '매매 비용'이 추가로 발생한다.

이 비용들은 겉으로 드러나지 않고 여러분이 받을 배당금에서 자동으로 떼어가기 때문에, 꼼꼼히 확인하지 않으면 내 소중한 돈이 어디로 사라지는지 알기 어렵다. 이제 1

천만 원을 투자했을 때, 이 숨은 비용이 얼마나 무서운 결과를 만드는지 숫자로 살펴보자.

A라는 ETF는 총보수가 0.1%지만, 실제로는 기타 비용과 매매 비용을 합쳐 연간 0.6%의 비용이 나간다고 가정해보자. 1천만 원을 투자하면 1년 차에는 6만 원이 비용으로 사라지지만, 10년 뒤 복리 효과를 포함하면 이 비용은 단순한 60만 원이 아니라 훨씬 더 큰 금액이 된다.

반면 비용 관리가 철저한 B라는 ETF는 총보수와 기타 비용을 합쳐 0.1%만 발생한다. 10년이 지나면 A상품은 비용으로만 약 70만 원 이상을 떼어가지만, B상품은 약 10만 원대로 비용을 막아내며 배당금 주머니를 지켜준다.

왜 운용사들은 이런 비용을 메뉴판 가격에 숨겨둘까? 겉으로 낮은 보수를 내세워야 투자자들이 일단 모여들기 때문이다. "보수가 0.1%라는데 얼마나 하겠어?"라고 생각하며 들어온 투자자들은 자신도 모르는 사이에 0.5%가 넘는 실질 비용을 매년 지불하게 된다.

이는 여러분이 10년 동안 성실하게 모은 배당 수익 중 많은 부분을 운용사의 운영비로 기부하는 셈이다.

이 숨은 비용을 찾아내는 방법은 아주 간단하다. 증권사 앱에서 해당 ETF의 '투자설명서'를 열어 '연간 실질 비용' 항목을 확인하라.

만약 광고하는 보수와 실제 발생하는 실질 비용 차이가 0.2% 이상 벌어져 있다면, 그 ETF는 운영 효율이 떨어지는 상품이므로 즉시 갈아타는 것을 고려해야 한다.

여러분이 챙겨야 할 것은 광고판에 적힌 낮은 숫자가 아니라, 지난 1년 동안 내 통장에서 실제로 빠져나간 실질적인 비용이다.

초보 투자자가 경계해야 할 것은 '종목을 자주 바꾸는 ETF'다. 운용사가 배당 수익률을 높이겠다며 종목을 자주 교체하면 증권사에 내는 매매 수수료가 계속 발생하고, 이 비용은 모두 배당금에서 깎인다.

배당 투자는 튼튼한 기업을 골라 오래 보유하며 현금을 받는 것이 핵심이지, 매매를 자주 해서 수수료를 챙겨주는 것이 아니다. 최대한 매매가 적고 비용이 투명한 상품을 고르는 것이 여러분의 수익을 지키는 가장 확실한 전략이다.

분배금을 자주 주느라
내 수익이 깎이고 있지는 않은가?

> 빈번한 분배금 지급은 운용 과정에서 행정 처리 비용을 발생시켜
> 장기적으로 복리 수익을 저해할 수 있으므로
> 분배 효율성을 냉정하게 평가해야 한다.

월배당 ETF는 매달 현금이 들어온다는 점에서 매우 매력적인 상품이다. 하지만 투자자는 여기서 '배당 지급에 따른 비용'이라는 냉정한 현실을 직시해야 한다.

운용사가 매달 배당금을 주려면 주식에서 나온 이익을 현금화하고, 이를 수많은 투자자의 계좌로 일일이 나누어 보내는 번거로운 과정을 반복해야 한다. 이 과정에서 발생하는 행정 처리와 송금 비용은 모두 ETF 내부의 돈으로 해

결하며, 이는 결국 여러분이 받을 배당금에서 야금야금 빠져나가는 숨은 비용이 된다.

예를 들어보자. 1천만 원 규모의 월배당 ETF가 매달 분배금을 줄 때마다 행정 비용과 송금 수수료로 0.05%씩 비용을 쓴다면, 1년이면 0.6%의 수익이 사라진다. 만약 10년 동안 매달 분배금을 받는다면, 이 수수료는 복리 효과까지 더해져 여러분의 자산에서 수십만 원의 수익을 갉아먹는다.

분기(3개월)에 한 번 분배금을 주는 상품보다 월배당 상품의 숨은 비용이 더 높게 나타나는 이유가 바로 여기에 있다. 잦은 배당은 기분은 좋을지 몰라도, 사실은 내 주머니에서 수수료를 더 많이 꺼내 주고 있는 셈이다.

운용사의 시스템이 정교하지 못하면 이 비용은 더욱 커진다. 규모가 큰 대형 운용사는 전산 시스템을 통해 이 과정을 자동화해 비용을 0에 가깝게 만들지만, 그렇지 못한 작은 운용사 상품들은 사람이 직접 개입하거나 비효율적인 송금 방식을 써서 비용을 낭비한다.

여러분이 '월배당'이라는 글자만 보고 상품을 골랐다면, 지금 당장 해당 ETF의 실질 비용이 분기 배당 상품보다 얼마나 더 비싼지 투자설명서에서 직접 확인해봐야 한다.

더 큰 문제는 분배금을 지급하고 남은 현금을 어떻게 관리하느냐다. 분배금을 주기 위해 마련해둔 현금을 단순히 통장에 방치하는 운용사는, 그 돈을 초단기 채권 등에 투자해 작은 이자라도 챙기는 운용사보다 효율이 떨어진다.

100원의 분배금을 받는 것보다 90원의 분배금을 받더라도 운용 효율이 좋아 자산 자체가 더 크게 성장하는 상품이 장기적으로는 훨씬 유리하다. 우리는 잦은 분배금에 현혹되지 말고, 내 돈을 얼마나 군더더기 없이 깔끔하게 굴리는지를 봐야 한다.

분배금 통지서를 받을 때마다, 이 과정이 정말로 효율적인지 의심해보라. 비용이 합리적일 때만 여러분의 자산은 비로소 눈덩이처럼 불어날 수 있다.

이제 ETF 투자설명서를 펼쳐 광고하는 보수와 실제 비용을 비교해보라. 분배금 지급이라는 명목으로 소중한 내 배당금이 야금야금 깎이고 있다면, 지금 바로 더 효율적인 상품으로 갈아타는 결단이 필요하다.

종목 교체가 잦은 ETF가
내 배당금을 깎아먹는 주범이다

ETF 내부의 종목 교체율인 회전율이 높으면
잦은 매매 수수료와 세금 비용이 발생해 배당금을 갉아먹으므로
회전율이 낮은 상품을 선택해야 한다.

대부분의 배당 투자자는 ETF가 자동으로 좋은 종목을 교체해준다는 사실을 좋아한다. 하지만 여러분이 알아야 할 불편한 진실이 있다. 운용사가 종목을 바꿀 때마다 증권사에 내야 하는 '매매 수수료'와 '세금'은 고스란히 ETF 내부의 자산에서 차감된다는 점이다.

1천만 원짜리 ETF가 1년에 20%의 종목을 교체한다고 가정해보자. 이때 발생하는 매매 비용과 슬리피지(주문을 낼 때 발생하는 가격 차이) 비용을 합치면, 분배금에서 적게는 0.2%, 많게는 0.5%까지 수익이 줄어든다.

왜 운용사는 이렇게 잦은 매매를 할까? 시장의 유행을 쫓거나, 배당 수익률을 미세하게 조정하기 위해 잦은 리밸런싱을 감행하기 때문이다. 겉으로는 더 좋은 종목을 담는 것처럼 보이지만, 사실 그 과정에서 발생하는 비용이 여러분이 받게 될 분배금 수익보다 더 큰 경우가 허다하다.

100원을 벌기 위해 10원의 수수료를 쓴다면 그 투자는 효율적인가? 현명한 투자자는 매매 횟수가 적으면서도 꾸준한 배당 성장을 보여주는 상품을 선호한다.

이를 확인하는 가장 쉬운 방법은 투자설명서에 나오는 '회전율'이라는 지표를 보는 것이다. 회전율이 50%라는 것은 1년 동안 ETF가 보유한 종목의 절반을 바꿨다는 뜻이다. 일반적으로 배당 성장을 목표로 하는 우량 ETF는 회전율이 20% 이하로 낮아야 건강한 상품이다.

만약 여러분이 가진 ETF의 회전율이 50%를 넘는다면, 운용사가 여러분의 배당금을 수수료로 증권사에 기부하고 있을 가능성이 매우 높다.

잦은 매매는 단순히 수수료만 낭비하는 것이 아니다. 세금 문제도 발생한다. 국내 상장 ETF는 수익이 날 때마다 세금을 정산하거나 과세 이연되는 구조인데, 종목 교체가 잦아 ETF 내부에서 실현 손익이 자주 발생하면 여러분이 통제할 수 없는 세금 비용이 계속해서 쌓인다.

이는 결과적으로 여러분이 손에 쥐는 세후 배당 수익을 갉아먹는 치명적인 구멍이 된다.

투자의 고수는 '움직이지 않는 것'의 가치를 안다. 좋은 기업을 골라 오래 보유하면 배당금은 시간이 갈수록 자연스럽게 늘어나지만, 이를 매달 사고팔면 여러분의 자산은 수수료라는 구멍으로 조금씩 새어 나간다.

결국 종목 교체가 잦은 ETF를 멀리하는 것은 여러분의 배당금을 지키는 가장 강력한 방어 전략이다. 여러분의 ETF가 얼마나 자주 종목을 바꾸는지 확인해보라. 1년에 몇 번이나 종목을 갈아치우는지 체크하는 것만으로도, 여러분은 배당 투자의 숨겨진 적을 완벽하게 퇴치할 수 있다.

지수 성과와 내 배당 수익의 차이,
추적오차를 파악하자

추적오차는 운용사가 지수를 제대로 따르지 못해 발생하는
수익의 차이이므로, 오차가 낮은 상품을 선택해 시장 성과를
온전히 자신의 것으로 만들어야 한다.

ETF는 특정 지수를 그대로 따라가도록 설계된 상품인데, 지수가 10% 오를 때 ETF는 9.5%만 오르는 경우가 생긴다. 이렇게 지수와 실제 성과의 차이를 우리는 '추적오차'라고 부르며, 이것은 운용사가 얼마나 지수를 똑똑하게 따라가는지 보여주는 성적표다.

우리가 배당금을 목적으로 투자할 때 이 오차가 크다는 것은 운용사가 지수보다 더 많은 비용을 쓰거나 운용을 제대로 못 하고 있다는 신호다.

지수를 등산로의 이정표라고 생각하면, ETF는 그 길을 따라가는 등산객과 같다. 이정표가 가리키는 길과 등산객이 실제로 걷는 길의 차이가 커질수록 우리는 목적지에서 멀어지게 된다.

추적오차가 크다는 것은 등산객이 자꾸 엉뚱한 샛길로 빠지거나 힘을 낭비하고 있다는 뜻이며, 결국 그 차이만큼 여러분의 소중한 배당 수익에서 손실이 발생한다.

예를 들어보자. 1천만 원을 투자했을 때 지수는 10% 올라 100만 원의 수익이 나야 하지만, 추적오차가 0.5%라면 ETF는 95만 원의 수익만 내게 된다. 이 5만 원의 차이는 매년 반복되면 배당금 재투자의 효과를 크게 떨어뜨리고, 10년이 지나면 복리 효과를 포함해 수십만 원 이상의 기회비용을 앗아간다.

운용사가 지수를 잘 추적하지 못하는 것은 여러분의 자산이 시장만큼 제대로 일하지 못하고 있다는 뜻이다.

추적오차를 확인하는 방법은 의외로 간단하다. 증권사 앱이나 금융감독원 전자공시시스템(DART)의 운용보고서를 펼쳐보는 것이다. 그곳에는 운용사가 지수를 얼마나 잘 따라갔는지를 나타내는 수치가 명확히 적혀 있다.

보통 추적오차는 0.1% 이하로 관리되는 것이 정석이며, 여러분이 고른 상품이 0.5% 이상을 웃돈다면 그 상품은 운용 능력이 부족하다는 의미다.

특히 배당주 ETF의 경우, 기업들이 주는 배당금을 정확히 받아내서 투자자에게 전달하는 과정에서도 오차가 생길 수 있다. 기업은 100원을 배당하는데 운용사가 수수료나 세금 처리 과정에서 미숙해 투자자에게 98원만 돌아오게 만든다면, 이 역시 추적오차의 일종이다.

시장의 성적과 여러분의 성적이 다를수록 여러분의 배당 엔진은 제 성능을 발휘하지 못하고 있다는 것을 의미한다.

결국 추적오차를 파악하는 것은 운용사의 성적을 매기는 가장 정직한 방법이다. 아무리 배당 수익률이 높다고 광고해도, 추적오차가 커서 시장 수익률을 갉아먹는다면 그 투자는 결국 실패로 돌아간다.

비싸게 사는 실수를 막는
NAV와 괴리율의 비밀

실제 자산 가치인 NAV와 시장 거래 가격인 괴리율의 차이를 이해하고,
매수 시점을 조정해야 비싼 가격에 사서
손해 보는 실수를 방지할 수 있다.

백화점에 가서 1만 원짜리 상품을 1만 500원에 산다면 누구나 손해라고 느낀다. ETF도 이와 똑같아서 내부에 담긴 주식의 가치는 1만 원인데, 시장에서 1만 500원에 팔리고 있다면 우리는 500원을 낭비하는 셈이다. 이 눈에 보이지 않는 손해를 막으려면 ETF의 진짜 가격인 순자산가치와 현재 거래되는 시장 가격을 반드시 비교해야 한다.

순자산가치인 NAV는 해당 ETF가 가진 주식들의 실제 가치를 모두 합친 금액이다. 반면 우리가 증권사 앱에서 보는 현재가는 주식 시장에서 매수와 매도 주문에 따라 움직이는 가격이다. 이 두 가격의 차이를 '괴리율'이라고 부르는데, 괴리율이 높다는 것은 여러분이 상품의 실제 가치보다 더 많은 돈을 주고 물건을 사고 있다는 뜻이다.

예를 들어 1천만 원어치 ETF를 살 때 괴리율이 1%라면, 여러분은 매수 버튼을 누르는 순간 10만 원을 허공에 날리고 투자를 시작하는 것과 같다. 매수하자마자 자산이 줄어드는 이 구조는 장기 투자자에게 치명적이다. 단순히 운이 나빴다고 생각할 문제가 아니라, 매수 가격을 제대로 확인하지 않은 투자자의 책임이다.

괴리율이 왜 벌어지는지 이해하면 이런 실수를 줄일 수 있다. 특정 ETF에 매수세가 몰리면 시장 가격이 실제 가치보다 비싸지고, 인기가 없으면 가치보다 싸게 거래되는 경우가 생긴다. 인기 있는 상품이라고 무작정 따라 사기보다 지금의 시장 가격이 실제 가치보다 얼마나 높은지 확인하는 습관이 중요하다.

괴리율을 확인하는 방법은 의외로 간단하다. 많은 증권

사 앱이 매수 화면에서 NAV와 현재가를 동시에 보여주는
데, 두 가격이 거의 일치하는지 먼저 살펴봐야 한다. 만약
시장 가격이 NAV보다 너무 높게 형성되어 있다면 잠시 매
수를 멈추거나, 괴리율이 낮은 다른 대형 상품을 선택하는
것이 훨씬 현명하다.

진짜 가치보다 비싸게 사는 실수를 막는 것만으로도 여
러분의 연간 수익률은 최소 0.5% 이상 개선된다. 작은 돈이
라 생각할지 모르지만, 이런 절약이 10년, 20년 쌓이면 은
퇴 자산의 규모는 확연히 달라진다.

여러분이 담으려는 ETF의 NAV와 현재가가 일치하는지
확인하고, 오늘도 합리적인 투자를 이어가자.

환전 및 거래 시 발생하는
부가 비용을 최소화하자

환전 수수료와 거래 시간대별 스프레드 등 거래 과정에서 발생하는
부가 비용을 통제하고, 절세 계좌를 활용하는 것이
수익률을 지키는 가장 확실한 전략이다.

해외 ETF에 투자할 때 가장 먼저 마주하는 벽은 환전 수수료다. 원화를 달러로 바꿀 때 증권사마다 1%에서 많게는 2%까지 수수료를 떼어간다. 1천만 원을 환전하면 시작부터 10만 원에서 20만 원이 사라지는 셈이다.

이 비용은 여러분이 1년 동안 받을 배당금의 일부를 미리 선납하는 것과 다름없다. 따라서 환전 수수료를 0.1% 미만으로 낮춰주는 '우대 환율' 서비스를 제공하는 증권사를 선택하는 것이 수익률을 지키는 첫 번째 단추다.

거래 비용을 줄이는 두 번째 전략은 '거래 시간대'를 활용하는 것이다. 해외 주식은 한국 시간으로 밤에 거래되는데, 거래량이 적은 새벽 시간대에는 매수와 매도 가격 차이인 '스프레드'가 크게 벌어진다.

이 차이 또한 여러분이 지불해야 할 숨은 비용이다. 거래가 활발한 초저녁 시간대에 주문을 넣거나, 지정가 주문을 통해 터무니없이 비싼 가격에 사지 않도록 매수 단가를 직접 설정하는 꼼꼼함이 필요하다.

세 번째로 고려할 것은 '원화 매수' 서비스를 활용할 때 발생하는 숨은 수수료다. 최근 많은 증권사가 환전 없이 원화로 바로 해외 주식을 살 수 있게 해주는데, 이때 증권사가 고시하는 환율은 우리가 은행에서 보는 환율보다 높을 확률이 크다.

편리함의 대가로 0.5% 이상의 수수료를 지불하는 꼴인데, 투자의 규모가 커질수록 환전 우대를 직접 받고 환전하는 것이 장기적으로 훨씬 이득이다.

네 번째 전략은 빈번한 매매를 줄이는 것이다. 해외 ETF

는 사고팔 때마다 발생하는 거래 수수료와 세금 문제가 국내 상품보다 훨씬 복잡하다. 1년에 10번 매매를 한다면 그만큼 수수료가 쌓이고, 이는 여러분의 배당 수익률을 0.5% 이상 갉아먹는다.

장기 배당 투자를 목표로 한다면, 한 번 매수할 때 충분히 분석하고 묵묵히 보유하는 전략이 가장 비용 효율적이다.

마지막으로 '세금 최적화'를 위해 연금저축이나 ISA 계좌를 적극적으로 활용하라. 해외 ETF를 일반 계좌에서 거래하면 수익의 15.4%를 배당소득세로 내야 하지만, 절세 계좌를 활용하면 세금을 낼 시점을 뒤로 미루거나 아예 면제받을 수 있다.

이 절세 혜택은 환전 수수료나 거래 수수료를 아끼는 것보다 수십 배 더 큰 수익을 가져다주는 강력한 무기다.

결국 투자의 고수는 수익률을 높이려고 위험한 종목을 쫓는 사람이 아니라, 조금씩 새어 나가는 비용을 철저히 막아낸 사람이다. 지금 증권사 환전 우대율을 확인하고, 거래 환경을 다시 점검해보라.

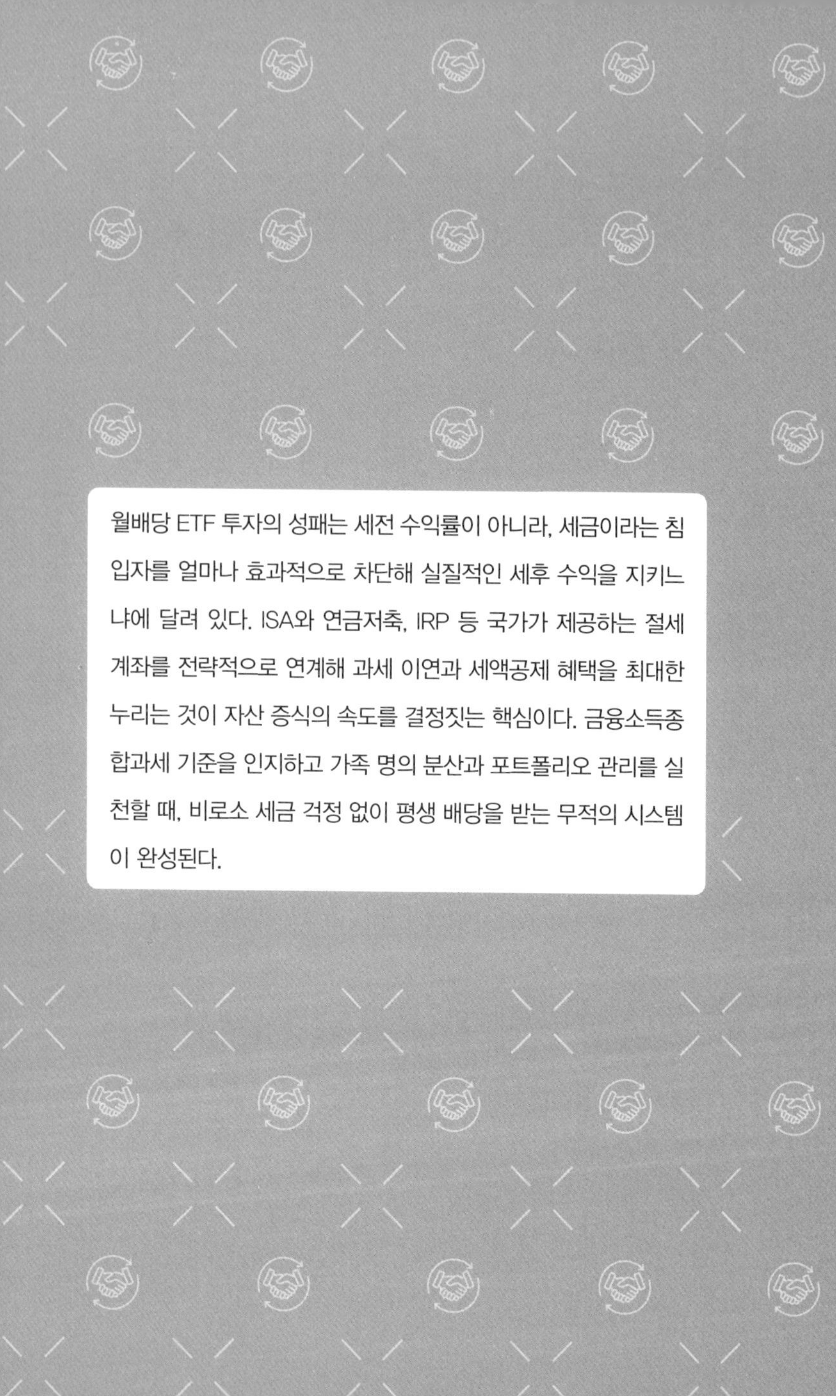

월배당 ETF 투자의 성패는 세전 수익률이 아니라, 세금이라는 침입자를 얼마나 효과적으로 차단해 실질적인 세후 수익을 지키느냐에 달려 있다. ISA와 연금저축, IRP 등 국가가 제공하는 절세 계좌를 전략적으로 연계해 과세 이연과 세액공제 혜택을 최대한 누리는 것이 자산 증식의 속도를 결정짓는 핵심이다. 금융소득종합과세 기준을 인지하고 가족 명의 분산과 포트폴리오 관리를 실천할 때, 비로소 세금 걱정 없이 평생 배당을 받는 무적의 시스템이 완성된다.

ETF 월배당을 온전히 지키는 마법, ISA와 연금을 소유하라

배당소득세 15.4%가
장기 수익률에 미치는 영향력을 인지하자

매번 발생하는 배당소득세는 복리 성장을 저해하는 감속기이므로,
세금을 즉시 납부하지 않고 재투자 재원으로 활용하는
과세 이연 전략을 반드시 실천해야 한다.

많은 투자자가 분담금을 받을 때마다 원금의 15.4%가 세금으로 빠져나가는 것을 당연하게 여긴다. 하지만 이 15.4%는 단순한 숫자가 아니라, 여러분이 20년 동안 쌓아야 할 복리 수익의 거대한 기둥을 갉아먹는 구멍이다.

매달 100만 원의 배당을 받을 때마다 15만 4천 원이 세금으로 나가면, 그만큼 재투자할 시드머니가 줄어들고 복리의 마법은 반감된다. 우리는 이제부터 이 눈에 보이지 않는 세금이라는 침입자를 막아내는 법을 배워야 한다.

수치로 확인하면 그 파괴력은 더 확실해진다. 1천만 원을 투자해 연 5%의 배당 수익을 내는 경우, 세금을 매번 내면 20년 뒤의 최종 자산은 세금을 내지 않는 환경보다 현저히 낮다.

세금을 미리 떼이는 일반 계좌와 달리, 과세가 이연되는 계좌에서는 그 세금만큼의 돈이 계좌 안에 머물며 다시 배당을 낳고 또 배당을 낳는다. 즉 세금을 내지 않는 것이 아니라 '나중에 내는 것'만으로도 여러분의 자산은 더 빠르게 몸집을 불릴 수 있다.

왜 우리는 이 당연한 15.4%에 그토록 무감각했을까? 매달 들어오는 배당금의 유혹 때문에 당장의 현금 흐름에만 집중했기 때문이다. 하지만 진정한 배당 투자자는 당장의 현금보다 미래의 총자산 규모를 더 크게 본다.

지금 당장 15.4%를 떼이고 나머지 84.6%를 재투자하는 것과, 세금을 전액 재투자해 운용하는 것의 차이는 10년이 지나면 수백만 원의 격차로 벌어진다.

배당소득세는 단순한 비용이 아니라 여러분의 배당 엔진

을 멈추게 하는 '감속기'다. 이 감속기를 제거할 수 있는 방법이 바로 우리가 앞으로 다룰 절세 계좌들이다.

ISA, 연금저축, IRP는 국가가 투자자들에게 제공하는 가장 강력한 합법적 도구이며, 이를 사용하지 않는 것은 투자의 절반을 버리고 시작하는 것과 같다.

우리가 이제부터 공부할 절세 계좌들은 세금을 없애주는 것이 아니라 '과세 이연'을 해준다. 세금을 낼 시점을 20년, 30년 뒤로 미뤄주는 것만으로도 그 돈이 다시 자산으로 일하게 만드는 마법을 부릴 수 있다.

이 혜택을 이해하고 활용하는 투자자와, 아무 생각 없이 일반 계좌에서 세금을 다 내며 투자하는 투자자의 20년 뒤 수익률은 비교할 수 없을 정도로 차이가 날 것이다.

오늘부터는 매달 들어오는 배당금의 액수를 확인하기 전에, 내 계좌가 세금으로부터 얼마나 자유로운지 점검해보라. 배당소득세 15.4%의 영향력을 진심으로 깨닫는 순간, 여러분은 일반 계좌에서 절세 계좌로 자산을 이동시키는 가장 현명한 결정을 내리게 될 것이다.

ISA 계좌, 세금을 줄이는
월배당 ETF 투자의 핵심이다

ISA 계좌는 비과세 및 저율 과세 혜택과 손익 통산 기능을 제공하므로,
배당 투자자는 이를 최우선으로 활용해
실질 세후 수익률을 극대화할 수 있다.

월배당 ETF를 일반 계좌에서 사면 배당을 받을 때마다 세금 15.4%가 자동으로 깎여 나간다. 하지만 ISA(개인종합자산관리계좌)를 사용하면, 이 세금을 아주 저렴하게 막을 수 있다. ISA는 계좌 안에서 발생한 이익에 대해 일정 금액까지 세금을 한 푼도 내지 않게 해주며, 그 한도를 넘어서더라도 9.9%라는 낮은 세율만 적용한다.

일반 계좌에서 15.4%를 떼일 돈을 거의 다 지킬 수 있으니, 사실상 계좌를 옮기는 것만으로도 즉시 수익률이 높아지는 셈이다.

ISA의 또 다른 마법은 '손익 통산'이다. 배당 투자를 하다 보면 어떤 ETF는 수익이 나고, 어떤 ETF는 시장 상황에 따라 일시적으로 손실을 볼 수 있다.

일반 계좌에서는 수익이 난 것에만 세금을 매기지만, ISA는 1년 동안 번 돈과 잃은 돈을 합쳐 최종 이익에 대해서만 세금을 계산한다. 즉 손실을 본 만큼 내야 할 세금도 줄어드니 투자 실패에 따른 비용까지 절세의 기회로 활용할 수 있다.

이 계좌를 제대로 활용하는 핵심은 한도를 가득 채워 운용하는 것이다. ISA는 2026년부터 연간 4천만 원, 최대 2억 원까지 입금할 수 있는데, 여기에 월배당 ETF를 담아두면 배당금을 받을 때마다 세금을 내지 않고 그 돈을 다시 ETF에 투자할 수 있다. 세금을 낼 필요가 없으니 배당금이 배당을 낳고 다시 그 배당이 배당을 낳는 복리 효과가 작동한다.

이 과정에서 발생하는 3년의 의무 가입 기간은 여러분이 단기 매매의 유혹을 뿌리치고, 진정한 장기 배당 투자자로 거듭나게 도와준다.

ISA는 3년에서 5년 정도로 자금을 굴리며 배당 수익을 극대화하기에 가장 적합한 도구이다. 노후 전체를 책임지는 연금과는 별개로, 3~5년 뒤에 목돈을 만들거나 배당 흐름을 키우고 싶다면 망설이지 말고 이 계좌를 최우선으로 선택해야 한다. 지금 내 자산이 어디에 흩어져 있는지 확인하고, 배당을 주는 상품부터 빠르게 ISA로 옮겨 담는 결단이 필요하다.

결국 ISA를 소유하는 것은 여러분이 투자의 주도권을 쥐는 일이다. 국가는 여러분의 자산 형성을 위해 이 계좌를 만들어주었지만, 이를 활용해 얼마나 많은 세금을 아끼고 자산을 불릴지는 오롯이 여러분의 선택에 달려 있다.

당장 증권사 앱을 열어 ISA 계좌를 개설하고, 여러분의 월배당 ETF를 그 안으로 옮겨 담아보라. 여러분의 계좌에 찍히는 세후 수익률이 바뀌는 순간, 여러분은 비로소 진정한 배당 투자의 고수가 된다.

연금저축의 과세 이연,
재투자 효과를 극대화하는 마법이다

연금저축 계좌는 배당소득세를 미래로 미뤄주는
과세 이연 효과를 통해 재투자 규모를 키우고,
노후 수령 시 낮은 세율을 적용받아 은퇴 자산 증식에 기여한다.

연금저축은 단순히 노후를 준비하는 계좌가 아니라, 배당 투자의 효율을 극대화하는 강력한 엔진이다. 일반 계좌에서는 배당을 받을 때마다 15.4%의 세금을 떼지만, 연금저축 계좌 안에서 배당을 받으면 세금을 당장 떼지 않고 미래로 미뤄준다. 이를 '과세 이연'이라고 하는데, 이 과정에서 여러분은 세금으로 나갈 15.4%의 돈까지 모두 다시 배당주에 투자할 수 있게 된다.

예를 들어 100만 원의 배당을 받았을 때, 일반 계좌에서는 84만 6천 원만 재투자할 수 있다. 하지만 연금저축 계좌에서는 100만 원 전액을 다시 ETF에 투자할 수 있다. 처음에는 15만 4천 원의 차이가 작아 보이지만, 이 돈이 다시 배당을 낳고, 그 배당이 또 재투자되는 과정이 10년, 20년 반복되면 자산 규모는 상상 이상으로 벌어진다. 세금을 낼 돈이 계좌 안에서 묵묵히 일을 하고 있는 셈이다.

이 계좌의 진정한 힘은 여러분이 배당금을 받아서 쓸 때가 아니라, 55세 이후에 연금으로 수령할 때 발휘된다. 그때 가서야 낮은 세율인 3.3%에서 5.5%의 연금소득세만 내면 되는데, 이는 일반 계좌에서 매번 15.4%를 내는 것과 비교하면 엄청난 절세 효과다.

20년, 30년 동안 차곡차곡 쌓인 절세 효과는 여러분의 은퇴 자산 규모를 결정짓는 핵심 변수가 된다.

다만 연금저축은 55세 이전에는 돈을 찾기가 까다롭다는 단점이 있다. 하지만 거꾸로 생각하면 이는 여러분이 배당 투자로 만든 노후 자산을 함부로 깨지 못하게 막아주는 강력한 보호막이 된다.

배당 투자는 시간을 이기는 전략인데, 연금저축 계좌는 여러분이 중도에 포기하지 않고 끝까지 배당 엔진을 돌릴 수 있도록 환경을 강제로 조성해준다.

현명한 투자자는 ISA로 굴린 자금을 3년마다 연금저축으로 옮겨 담으며 절세 효과를 극대화한다. ISA에서 세금을 아끼고, 그 자금을 다시 연금저축으로 옮겨 과세 이연을 이어가면, 세금이라는 침입자를 완벽하게 따돌릴 수 있다.

이러한 계좌 간의 연계 전략이야말로 배당 투자의 대가들이 사용하는 정교한 세금 회피술이자 자산 증식술이다.

포트폴리오에서 연금저축 계좌의 비중을 점검해보라. 배당금을 매달 현금으로 받아 소비하기보다는, 배당 엔진의 부품을 갈아 끼우듯 연금저축에 넣어 굴리는 습관을 들여야 한다. 세금을 뒤로 미루고 그 돈으로 더 많은 배당주를 사 모으는 것, 그것이 바로 연금저축이 주는 가장 달콤한 과세 이연의 마법이다.

IRP, 세액공제로
시드머니를 늘리는 강력한 힘이다

IRP는 연간 납입 금액에 대한 높은 세액공제 혜택을 통해
즉각적인 환급 수익을 창출하며,
강제 저축 효과를 통해 장기적인 배당 재투자 환경을 조성한다.

IRP(개인형 퇴직연금)는 국가가 퇴직금을 관리하고 개인의 노후를 위해 만든 '보너스 저축 주머니'다. 직장인과 자영업자 모두 만들 수 있으며, 연간 최대 900만 원까지 납입 금액에 대해 세액공제 혜택을 제공한다.

연말정산 시 납입액의 일정 비율을 현금으로 돌려받는 구조라, 투자를 시작하자마자 13% 이상의 즉각적인 수익을 챙기는 셈이다.

배당 투자자에게 IRP가 필수인 이유는 15.4%의 배당소득세를 합법적으로 미룰 수 있기 때문이다. 일반 계좌에서는 배당금을 받을 때마다 세금이 원천 징수되어 재투자할 자본이 줄어들지만, IRP 안에서는 세금을 떼지 않은 금액 전액을 다시 배당 ETF에 투자할 수 있다.

IRP 운용에는 전체 자산의 30%를 반드시 안전 자산으로 채워야 한다는 규칙이 있다. 이는 투자의 변동성을 제어하는 안전장치로 해석할 수 있다.

배당을 지급하는 국채 ETF나 파킹형 ETF를 활용해 이 30%를 구성하면, 전체 포트폴리오의 안정성이 대폭 올라간다. 변동성 높은 배당주와 안정적인 채권 자산의 조합은 어떤 경제 상황에서도 매달 일정한 현금 흐름을 만드는 토대가 된다.

55세 이전에는 자금을 찾기 어렵다는 점이 단점으로 꼽히기도 하지만, 이는 배당 자산을 함부로 깨지 못하게 만드는 '강제 저축'의 보호막이 된다.

배당 투자는 시간을 이기는 전략이며, 시간을 견디는 것이 곧 수익이다. IRP는 장기 투자를 포기하지 않고 끝까지 배당 엔진을 돌릴 수 있는 견고한 환경을 조성한다.

전략적인 투자자는 ISA에서 3년 동안 비과세 혜택을 누린 자금을 3년 뒤 IRP로 옮겨 담으며 절세 효과를 이어간다. ISA에서 얻은 비과세 수익과 IRP에서 받는 세액공제 혜택을 연쇄적으로 활용하면 세금이라는 침입자를 거의 완벽하게 따돌릴 수 있다.

이러한 계좌 간의 연계 전략은 일반 계좌에서 세금을 다내며 투자하는 방식과 자산 규모를 완전히 갈라놓는 핵심 비결이다.

IRP를 소유한다는 것은 미래의 시간을 현재로 당겨와 자산을 키우는 고도의 전략이다. 매년 받는 세액공제 환급금과 세금 없이 쌓이는 배당의 복리 효과를 확인하면 자산 증식의 속도가 달라진다.

금융소득종합과세 기준을 확인하고
절세 전략을 수립하라

금융소득종합과세 기준인 2천만 원을 초과하면
세금과 건강보험료 부담이 급증하므로, 절세 계좌 활용과 명의 분산을 통해
과세 대상 소득을 철저히 관리해야 한다.

배당 투자를 하다 보면 매년 배당금과 이자 수익이 늘어나는 즐거움을 느낀다. 하지만 이 합계가 연간 2천만 원을 넘어서는 순간, 국세청은 이를 다른 근로소득이나 사업소득과 합쳐서 높은 세율을 적용하는 '금융소득종합과세'를 통보한다.

예를 들어 연봉 5천만 원인 직장인이 배당으로만 2천 500만 원을 벌었다면, 2천만 원을 초과한 500만 원은 연봉

소득과 합산되어 최고 45%까지 높은 세율을 맞을 수 있다. 2천만 원은 세금 폭탄을 피하는 꼭 지켜야 할 절대적인 마지노선이다.

금융소득종합과세의 무서움은 세금 그 자체보다 건강보험료에 있다. 피부양자로 등록되어 보험료를 내지 않던 사람이, 과세 대상이 되는 순간 지역가입자로 전환되어 매달 수십만 원의 건강보험료를 추가로 납부해야 할 수도 있다.

배당금으로 번 돈을 세금과 보험료로 절반 가까이 떼이게 된다면 배당 투자의 효율은 급격히 떨어진다. 그러므로 배당 규모가 2천만 원에 육박한다면, 추가적인 배당 수익을 내기보다 세금을 방어하는 전략으로 급선회해야 한다.

가장 좋은 방어책은 배당 수익을 '절세 계좌' 안에 가두는 것이다. ISA, 연금저축, IRP에서 발생한 수익은 금융소득종합과세 대상에서 완전히 제외된다. 일반 계좌에 있던 배당 ETF를 이 절세 계좌들로 옮겨 담기만 해도, 2천만 원이라는 한도 계산에서 그만큼의 소득이 빠져나간다.

일반 계좌에서 2천 500만 원의 배당을 받아 세금 폭탄을 맞을 상황이라면, 1천만 원을 절세 계좌로 이동시켜 일반 계좌의 배당을 1천 500만 원으로 낮추는 것이 현명하다.

가족 명의를 활용하는 자산 분산도 훌륭한 전략이다. 금융소득종합과세는 개인별로 적용되므로, 모든 배당 수익을 본인 명의 계좌에 몰아두지 말고 배우자나 자녀 명의의 계좌로 분산하면 가구 전체의 소득을 낮출 수 있다.

물론 증여세 문제가 발생하지 않도록 증여 한도를 지키는 것이 기본이다. 부부 합산으로 4천만 원까지 배당을 받아도 개인별로 2천만 원을 넘지 않는다면 세금 폭탄을 피할 수 있다는 점을 기억하라.

분배금을 받을 때마다 세금을 즉시 떼지 않는 상품을 섞는 것도 대안이다. 모든 종목을 높은 배당률로 채우기보다, 배당 수익은 낮지만 시세 차익이 기대되는 종목이나 과세 이연 상품을 포트폴리오에 적절히 섞어두면 세전 수익을 낮게 유지할 수 있다.

2천만 원 한도는 '세전 수익'을 기준으로 하기 때문에, 애초에 과세 대상이 되는 수익이 낮게 잡히는 상품군을 보유하는 유연함이 필요하다.

투자의 고수는 수익률을 높이려고 무리하게 위험한 종목

을 쫓지 않는다. 대신 2천만 원이라는 과세 한도를 철저히 관리해 세금이라는 침입자를 차단하는 데 집중한다. 지난 1년간 받은 총 배당금을 계산해보고, 과세 기준 근처에 도달했는지 확인해야 한다.

한계를 알고 절세 전략을 수립하는 투자자만이, 은퇴 이후에도 배당금을 온전히 누리며 풍요로운 노후를 보낼 수 있다는 점을 명심하자.

자녀를 위해 평생 현금 흐름을
ETF로 물려줘라

자녀 명의 계좌를 개설해 배당 성장형 ETF를 증여 한도 내에서
꾸준히 사 모으고 재투자 습관을 교육하면, 세금 부담을 최소화하며
자녀의 경제적 독립을 위한 확실한 현금 창출 시스템을 물려줄 수 있다.

부모가 매달 받는 월배당 ETF 분배금은 단순히 자신의 노후를 위한 용돈이 아니라, 자녀의 미래를 밝혀줄 든든한 자산의 씨앗이 될 수 있다.

부동산이나 현물 자산은 복잡한 지분 계산과 높은 증여세 때문에 물려주기 어렵지만, ETF 계좌는 한 주 단위로 이전이 가능하다. 이는 자녀가 성인이 되기 전부터 투자의 생리를 배우며 경제적 독립을 준비하는 최고의 토대가 된다.

자녀 증여에는 TIGER 미국배당다우존스와 같은 배당 성장형 ETF를 활용하는 것이 정석으로 꼽히며, 10년 이상의 기간을 두고 재투자하는 것이 핵심이다.

자녀가 태어난 직후부터 분배금을 자동으로 재투자해 수량을 늘려나가는 복리의 마법을 활용하면, 자녀가 경제 활동을 시작할 무렵에는 스스로 월세를 받는 디지털 건물주가 되어 있다. 이 ETF는 우량 기업들에 분산 투자하므로 개별 종목 투자보다 훨씬 안정적인 성장이 가능하다.

증여 시에는 반드시 국세청이 정한 증여 재산 공제 한도 내에서 체계적으로 실행하는 원칙을 지켜야 나중에 세금 문제로 인한 분쟁을 방지할 수 있다. 미성년 자녀에게는 10년 단위로 2천만 원까지 비과세 증여가 가능하므로, 이 한도를 최대한 활용해 ETF를 매달 꾸준히 사 모으면 세금 고민 없는 부의 이전이 가능하다.

반드시 자녀 명의의 계좌를 개설하고 국세청에 증여 신고를 완료해야 추후 자녀가 이 자산을 사용할 때 증여세에 대한 부담이 없다.

성인이 된 자녀에게는 JEPQ와 같은 커버드콜형 월배당

ETF를 증여 비중의 일부로 섞어 매달 들어오는 현금 흐름을 직접 체험하게 하는 것이 좋다. 사회 초년생인 자녀가 자신의 계좌에 찍히는 분배금을 눈으로 확인하게 하면, 경제 관념을 빠르게 익히고 투자의 재미와 중요성을 자연스럽게 체득할 수 있기 때문이다.

부모의 시스템을 물려주는 것은 평생 마르지 않는 경제적 주권을 자녀에게 선물하는 아주 특별한 행위다.

또한 정기적으로 자녀와 함께 보유한 ETF의 구성 종목과 배당 성장률을 점검하며 투자 대화를 나누는 교육의 시간을 갖는 것이 무엇보다 중요하다. 배당금이 늘어나는 과정 자체가 아이들에게는 돈이 스스로 일하는 원리를 배우는 최고의 경제 수업이며, 이는 성인이 된 후 올바른 투자 습관을 형성하는 근간이 된다.

주기적인 점검은 자녀가 부모의 자산을 단순히 소비하는 것이 아니라 함께 성장시키는 파트너로 성장하게 돕는다.

오늘 자녀 명의의 증권 계좌를 개설하고 첫 증여 신고를 시작하며 배당 성장의 씨앗을 뿌려보길 권장한다.

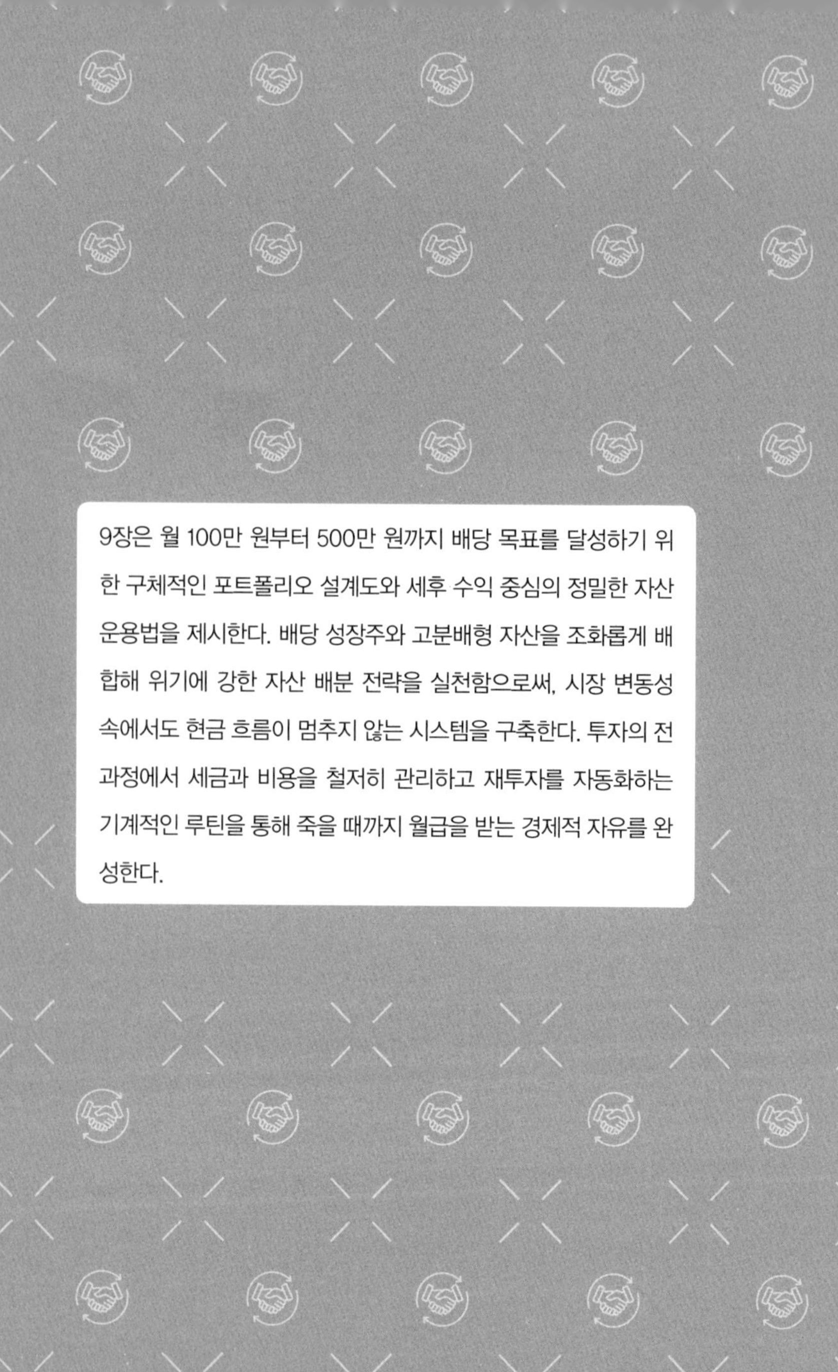

9장은 월 100만 원부터 500만 원까지 배당 목표를 달성하기 위한 구체적인 포트폴리오 설계도와 세후 수익 중심의 정밀한 자산 운용법을 제시한다. 배당 성장주와 고분배형 자산을 조화롭게 배합해 위기에 강한 자산 배분 전략을 실천함으로써, 시장 변동성 속에서도 현금 흐름이 멈추지 않는 시스템을 구축한다. 투자의 전 과정에서 세금과 비용을 철저히 관리하고 재투자를 자동화하는 기계적인 루틴을 통해 죽을 때까지 월급을 받는 경제적 자유를 완성한다.

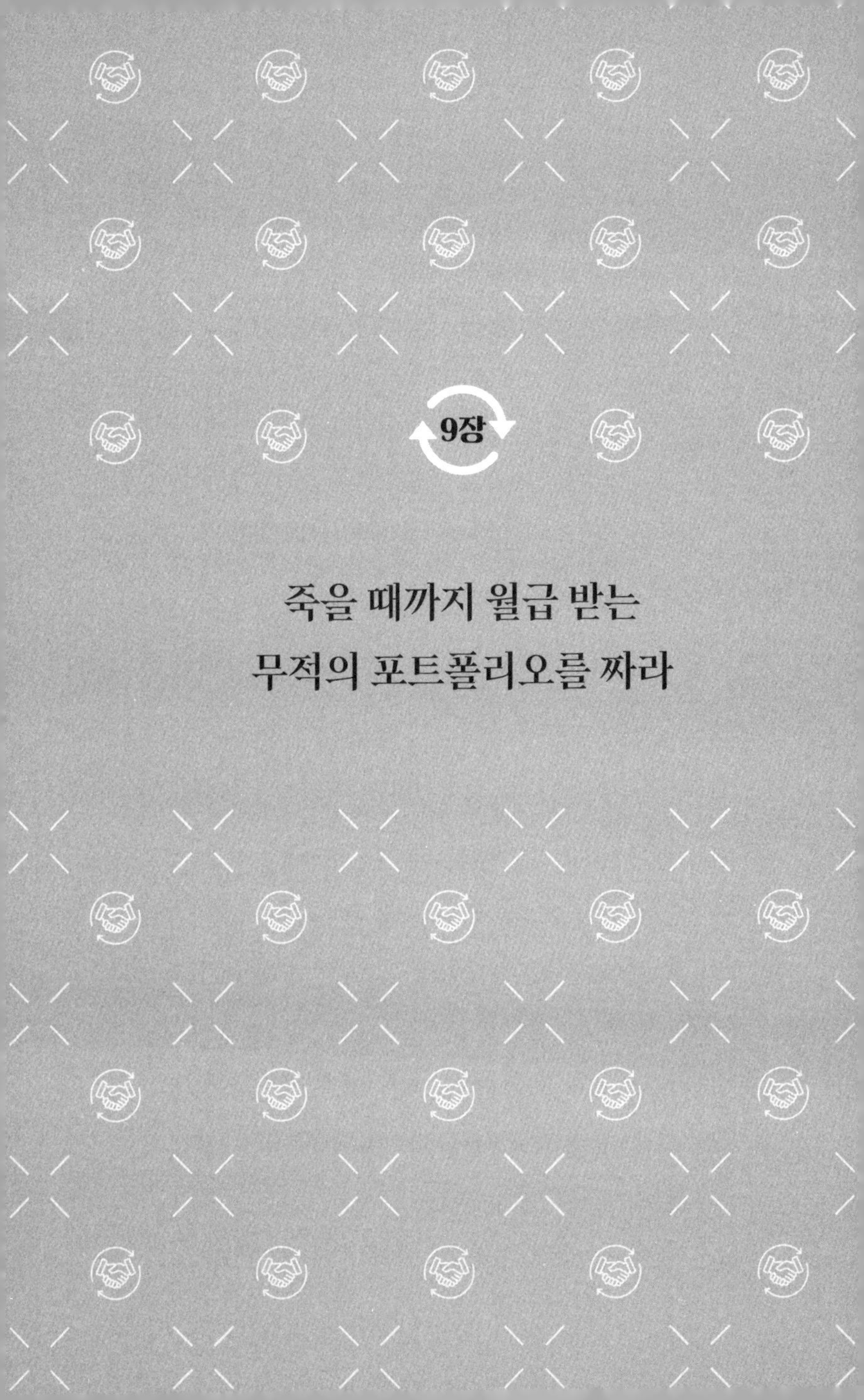

죽을 때까지 월급 받는
무적의 포트폴리오를 짜라

초보를 위한
월배당 ETF 100만 원 기초 설계도

월 100만 원 배당 목표를 위해 배당 성장형과 고분배형 ETF를
황금 비율로 배분하고, 적립식 투자를 통해
원금과 분배금이 합쳐지는 눈덩이 효과를 활용해야 한다.

매달 100만 원의 분배금을 받는다는 것은 연간 1천 200만 원의 현금 흐름을 확보한다는 뜻이다. 분배율을 세후 4%로 가정할 때, 이를 달성하기 위해 필요한 원금은 약 3억 원 규모의 월배당 ETF 포트폴리오다.

3억 원이라는 목돈이 당장 없다고 실망할 필요 없이, 매달 일정 금액을 투자해 연 5%의 수익률로 재투자한다면, 약 18년 뒤에는 월 100만 원의 분배금 시스템을 완성할 수 있다.

설계의 첫걸음은 배당 성장형 ETF와 고배당형 ETF의 황금 비율을 찾는 것이다. 현재 시점의 현금 흐름이 중요한 4050 투자자라면, 'JEPQ'나 'KODEX 미국배당프리미엄액티브'처럼 커버드콜 전략을 활용한 월배당 ETF를 40% 정도 배치해 당장의 현금 흐름을 확보한다.

나머지 60%는 'SCHD'나 'TIGER 미국배당다우존스'와 같은 배당 성장 ETF에 집중해 시간이 지날수록 분배금이 스스로 불어나는 구조를 만든다.

구체적인 설계 사례를 들어 3억 원을 운용하는 포트폴리오를 살펴보자. 전체 자산의 60%는 TIGER 미국배당다우존스로 배당 성장을 꾀하고, 30%는 'VNQ(Vanguard Real Estate ETF)'와 같은 리츠 ETF로 부동산 임대 수익을 확보하며, 10%는 채권형 ETF를 배치해 안정성을 높인다.

이 '무적의 조합'은 시장 위기 때도 리츠와 채권형 ETF의 분배금이 방어막이 되어주며, 월 100만 원이라는 현금 흐름을 든든하게 지켜준다.

초보자가 가장 경계해야 할 사례는 '고분배의 함정'이다. 무조건 분배율이 10%를 넘는 상품에만 집착하면 주가 하락으로 인해 원금이 줄어들 위험이 매우 크다.

예를 들어 분배율 10%인 상품에 1억 원을 넣고 연간 1천만 원을 받았지만, 주가가 1년 뒤 20% 하락한다면 원금 손실이 2천만 원 발생한다. 분배금으로 1천만 원을 벌고 원금에서 2천만 원을 잃는 투자는 성공할 수 없으니, 안정적인 분배 성장과 합리적인 분배율의 조화를 택해야 한다.

목표를 향해 나아가는 과정은 적립식 투자로 단순화해야 한다. 매달 급여의 20% 이상을 TIGER 미국배당다우존스나 SCHD 같은 우량 ETF에 기계적으로 적립해보라.

매달 입금되는 분배금이 적더라도, 이를 다시 원금에 보태는 '눈덩이 효과'를 직접 확인하는 것이 투자를 지속하는 핵심이다. 월 100만 원은 여러분이 낸 소중한 투자 원금과 그 원금이 낳은 분배금이 합쳐져 만들어내는 결과물이다.

여러분의 자산 규모와 투자 가능한 월 저축액을 적어보라. 3억 원이라는 목표 숫자가 너무 크게 느껴진다면, 첫 번째 이정표인 월 10만 원을 달성하기 위해 약 3천만 원의 ETF 포트폴리오를 모으는 단계부터 시작한다.

세후 수익을 기준으로
필요한 투자 원금을 정밀 계산하라

배당 소득세 15.4%를 고려한 세후 수익률 기준으로
필요한 투자 원금을 역산해, 절세 계좌를 활용함으로써
목표 달성에 필요한 자산 규모를 최적화해야 한다.

매달 100만 원의 배당을 받고 싶다면 단순히 100만 원 곱하기 12개월을 해서 1천 200만 원의 수익을 목표로 잡으면 안 된다. 일반 계좌에서는 배당금을 받을 때마다 세금 15.4%를 떼어가기 때문이다. 즉 100만 원을 손에 쥐려면 실제로는 약 118만 원의 배당을 받아야 15.4%의 세금을 떼고 딱 100만 원이 남는다.

이처럼 세후 수익을 기준으로 역산하는 것이야말로 투자

의 첫 번째이자 가장 중요한 설계도다.

구체적인 계산 사례를 보자. 만약 연 4%의 배당을 주는 ETF에 투자한다면, 세금을 떼고 난 실제 수익률은 3.38%다. 매달 100만 원(연 1천 200만 원)을 세후로 받으려면, 1천 200만 원을 0.0338로 나누면 된다. 결과값은 약 3억 5천 500만 원이다. 즉 일반 계좌에서 투자한다면 3억 5천 500만 원이 있어야 매달 100만 원의 세후 배당을 확보할 수 있다는 뜻이다.

이 계산기를 절세 계좌인 ISA나 연금저축에 적용하면 결과는 달라진다. 세금을 떼지 않거나 나중에 내는 과세 이연 혜택 덕분에 배당률 4%가 고스란히 수익으로 남는다. 1천 200만 원을 0.04로 나누면 필요한 원금은 딱 3억 원으로 줄어든다. 세금을 내지 않는 것만으로도 똑같은 월 100만 원을 만드는 데 5천 500만 원이라는 원금을 아낄 수 있다.

많은 투자자가 배당 목표를 달성하지 못하는 이유는 막연하게 '돈을 많이 모으면 되겠지'라고 생각하기 때문이다. 하지만 매달 300만 원을 목표로 한다면 일반 계좌 기준으로는 10억 6천 500만 원이 필요하지만, 절세 계좌를 활용하면

9억 원으로 목표가 낮아진다. 1억 6천 500만 원의 차이는 웬만한 직장인 연봉을 훨씬 웃도는 금액이다. 정밀한 계산은 목표를 현실적이고 달성 가능한 영역으로 끌어내린다.

투자의 핵심은 단순히 원금을 많이 모으는 것이 아니라, 이 계산 공식을 활용해 '가장 적은 원금으로 최대의 현금 흐름'을 만드는 효율성을 찾는 데 있다.

배당률이 조금 낮은 우량주라도 세금을 아끼는 계좌에 담으면, 배당률이 높은 고위험 상품을 일반 계좌에서 굴리는 것보다 훨씬 안전하고 확실하게 목표에 도달할 수 있다. 수익률을 쫓다가 원금을 잃는 것보다, 세금을 아껴 원금을 보전하는 것이 더 멋진 투자다.

지금 포트폴리오를 펼쳐보고, 세후 배당률을 계산해 필요한 원금을 직접 도출해보라. 3억 원 혹은 10억 원이라는 숫자는 단순히 부담스러운 목표가 아니라, 여러분의 미래를 지탱할 든든한 설계도다. 숫자의 명쾌함 앞에 서는 순간, 막연했던 경제적 자유라는 단어는 구체적인 숫자라는 현실적인 목표로 바뀐다.

배당성장주와 고배당주를 배합해
자산 성장을 도모하자

자산 증식을 위해 성장성이 높은 배당 성장형 ETF와
당장의 현금 흐름을 책임지는 고분배형 ETF를
균형 있게 배합하고, 주기적인 리밸런싱으로 성과를 극대화해야 한다.

월배당 ETF 포트폴리오 설계에서 배당 성장형 ETF와 고분배형 ETF의 배합은 자전거의 두 바퀴와 같다. 고분배형 ETF는 당장 내 통장에 매달 꽂히는 현금 흐름을 만들어 심리적 안정감을 주지만, 자산 가치 자체가 크게 늘지 않는 경우가 많다. 반면 'CHD'나 'TIGER 미국배당다우존스' 같은 배당 성장형 ETF는 초기 분배율은 낮아도 기업의 이익이 커지며 주가와 분배금이 함께 올라간다.

이 둘을 배합하면 매달 받는 현금과 자산 가치라는 두 마리 토끼를 동시에 잡을 수 있다.

구체적인 사례로 접근해보자. 분배율이 6~7%가 넘는 고분배형 상품인 'JEPQ'나 'KODEX 미국배당프리미엄액티브'만 100% 담으면, 매달 들어오는 현금은 많지만 10년 뒤에도 원금은 제자리일 확률이 높다.

여기서 분배율 2~3% 수준인 배당 성장형 ETF를 50% 섞어주면, 초기 분배금은 다소 줄어들지만, 10년 뒤 누적된 분배금 총액은 고분배형만 담았을 때를 훌쩍 뛰어넘는다. 배당 성장형 ETF가 시간이 지날수록 매년 분배금을 스스로 올려주기 때문이다.

많은 투자자가 분배율 1~2% 차이에 집착하며 고분배 상품에만 자산을 몰빵하는 실수를 범한다. 하지만 기업이 지나치게 많은 이익을 분배금으로 지급하면 정작 기업 내부에 재투자할 돈이 없어져 성장이 멈춘다. 투자의 고수는 현재 분배율이 조금 낮더라도 매년 분배금을 10%씩 늘려가는 '성장성'에 투자한다. 지금의 100만 원보다 10년 뒤의 200만 원을 선택하는 것이 자산이 성장하는 핵심이다.

그렇다면 어떻게 배합하는 것이 가장 이상적일까? 자산 증식이 너무 절실한 30~40대 투자자라면 배당 성장형 ETF(TIGER 미국배당다우존스 등) 60%, 고분배형 ETF(JEPQ 등) 40% 비중을 추천한다.

젊을 때는 자산의 가치가 커지는 것이 중요하므로 성장에 무게 중심을 둔다. 반면에 은퇴를 앞두고 당장 매달 안정적인 현금이 필요한 50~60대 투자자라면, 고분배형 ETF 60%, 배당 성장형 ETF 40%로 무게 중심을 옮기는 유연함이 필요하다.

포트폴리오의 균형을 맞추는 법은 의외로 간단하다. 1년에 한 번 연간 분배금을 정산하고, 특정 ETF의 비중이 지나치게 높거나 낮아졌을 때 원래 정해둔 비율로 되돌리는 '리밸런싱'을 실천하라.

주가가 올라 고분배형 ETF의 비중이 커졌다면 일부를 팔아 배당 성장형 ETF를 사는 식으로 조절하면, 자연스럽게 비싼 상품을 팔고 저렴한 상품을 사는 투자가 이루어진다.

당장 보유 중인 월배당 ETF들을 분류해보고 각각의 분배율과 성장률을 점검해보라. 당장의 분배금에만 취해 자산이 멈춰있지는 않은지, 혹은 성장성만 쫓다가 매달 들어오는 즐거움을 놓치고 있지는 않은지 확인해야 한다.

성장과 수익의 조화, 그 미묘한 균형을 찾는 과정이야말로 죽을 때까지 월급을 받는 '무적의 포트폴리오'를 만드는 가장 확실한 지름길이다.

월 300만 원의 배당 시스템,
'무적의 포트폴리오'로 완성하라

월 300만 원 목표를 달성하려면 배당 재투자의 임계점을 넘기고,
배당 성장형·리츠·커버드콜 등 세 개의 바구니로 자산을 나누어
절세 계좌 안에서 관리해야 한다.

매달 300만 원의 분배금을 받는다는 것은 연간 3천 600만 원의 현금을 확보한다는 의미다. 세후 분배율 4%를 기준으로 계산하면 약 9억 원이라는 큰 원금이 필요하지만, 처음부터 9억 원을 모으려는 접근은 불가능해 보인다.

그러나 직장인에게 주어진 시간과 근로소득을 활용해 배당 재투자가 복리로 불어나는 '눈덩이 효과'를 극대화한다면, 이 목표는 생각보다 가까운 곳에 있다. 300만 원 코스는 배당 재투자가 노동 소득을 추월하는 '임계점'을 맞이하는 구간이다.

300만 원 목표를 달성하기 위한 첫 번째 코스는 100만 원 단계에서 얻은 분배금을 단 한 푼도 쓰지 않고 전액 재투자하는 것이다.

매달 분배금이 들어올 때 이를 소비하지 않고 다시 월배당 ETF를 매수하면, 다음 달에는 원금과 분배금이 합쳐져 더 많은 분배금이 들어온다. 이 과정이 3년, 5년 반복되면 여러분이 새로 넣는 근로소득보다 분배금으로 새로 사는 ETF의 비중이 커지는 '임계점'을 반드시 맞이하게 된다.

두 번째 코스는 자산의 바구니를 전략적으로 나누는 분산 전략이다. 9억 원이라는 자산을 모두 하나의 상품에 담는 것은 위험하므로, '3억 원씩 세 개의 바구니'로 나누어 안정성을 높인다.

첫 번째 바구니 - 배당 성장형

'SCHD' 또는 국내 상장 'TIGER 미국배당다우존스'와 같이 25년 이상 배당을 늘려온 우량주 ETF를 담는다.

두 번째 바구니 - 부동산/리츠형

'O(리얼티 인컴)'를 포함한 리츠 ETF인 'VNQ'나 국내 상장된 부동산 월배당 ETF를 담는다.

세 번째 바구니 - 변동성 활용형

'JEPQ' 또는 국내 상장 'KODEX 미국배당프리미엄액티브'처럼 옵션 전략을 통해 시장이 흔들릴 때도 현금을 창출하는 ETF로 포트폴리오의 방어력을 극대화한다.

세 번째 코스는 정교한 세금 방어 전술이다. 300만 원의 분배금은 연간 3천 600만 원으로, 금융소득종합과세 기준인 2천만 원을 훌쩍 넘긴다. 일반 계좌에서 모두 받으면 40%가 넘는 세금을 맞을 수 있으므로, 자산의 상당 부분을 연금저축펀드나 IRP(개인형 퇴직연금) 같은 절세 계좌로 옮겨 담아야 한다.

과세 대상 소득을 2천만 원 이하로 낮추고, 연금 수령 시 저율 과세(3.3~5.5%) 혜택을 누리는 것이 300만 원을 온전히 내 것으로 만드는 핵심이다.

네 번째 코스는 주기적인 포트폴리오 점검이다. 매년 자신의 포트폴리오가 목표 분배율을 유지하고 있는지 확인해야 한다. 만약 특정 ETF의 분배금이 줄어들거나 운용 전략이 훼손되었다면, 즉시 더 건강한 현금을 주는 종목으로 교체해야 한다.

300만 원이라는 시스템은 가만히 두면 굴러가는 것이 아니라, 주기적으로 부품을 닦고 조여주어야만 멈추지 않고 계속 돌아가는 기계와 같다.

오늘 여러분이 당장 해야 할 일은 9억 원이라는 숫자에 압도당하지 않는 것이다. 매달 100만 원을 달성한 뒤, 그 분배금을 재투자해 150만 원, 200만 원으로 키워가는 과정을 기록해보라.

분배금 규모가 커질수록 자산이 불어나는 속도는 여러분이 직접 노동하는 속도를 추월하게 된다. 300만 원 코스는 노동 소득 없이도 삶을 지탱할 수 있는 '무적의 포트폴리오'로 가는 가장 확실한 징검다리다.

경제적 자유를 완성하는
월 500만 원 시스템

매달 500만 원의 배당금 시스템은 성장형 월배당 ETF를 중심으로 재투자를 자동화해, 노동 소득 없이도 평생 풍요로운 삶을 지탱해주는 경제적 자유의 최종 완성 단계이다.

매달 500만 원의 분배금은 단순히 큰 액수를 모으는 것이 아니라, 물가 상승률을 방어하는 '분배금 성장'을 정착시키는 데 핵심이 있다. 이를 위해서는 'TIGER 미국배당다우존스'와 같이 매년 분배금을 늘려가는 성장형 월배당 ETF를 포트폴리오의 중심에 두어야 한다.

10년 뒤에도 500만 원의 구매력이 유지되려면, 기업의 이익과 함께 분배금도 동반 성장하는 시스템을 구축하는 것이 가장 강력한 방어책이다.

500만 원 시스템을 위한 자산 배분은 공격보다는 방어와 현금 흐름의 일관성에 집중해야 한다. 전체 자산의 60%는 'TIGER 미국배당다우존스'나 'SCHD' 같은 배당 성장형 ETF로 구성하되, 나머지 40%는 'VNQ(리츠 ETF)' 또는 'KODEX 미국배당프리미엄액티브'와 같은 전략형 ETF로 채워 자산 간의 상관관계를 낮춰야 한다.

주식 시장이 흔들릴 때 리츠나 커버드콜 전략형 ETF가 분배금을 지켜주면, 어떤 경제 위기 상황에서도 매달 500만 원은 흔들림 없이 입금된다.

세금은 이 단계에서 최종 수익률을 결정하는 가장 중요한 변수다. 연간 6천만 원의 분배금은 금융소득종합과세 대상이므로, 일반 계좌에 방치하면 상당액이 세금으로 사라진다. 따라서 ISA(개인종합자산관리계좌), 연금저축, IRP의 입금 한도를 끝까지 채우고, 초과 자산은 가족 명의 분산이나 증여를 통해 과세 구간을 쪼개야 한다.

세금을 줄이는 것이 곧 실질 수익률 1%를 올리는 것보다 훨씬 효율적인 자산 증식 방법임을 명심하라.

이 시스템의 운영 원칙은 '재투자의 자동화'다. 매달 500만 원이 입금될 때, 생활비로 필요한 최소 금액만을 인출하고 나머지는 자동으로 다시 월배당 ETF를 매수하도록 설정해야 한다.

재투자된 분배금은 다시 분배금을 낳고, 그 분배금은 다시 자산을 키워 500만 원을 700만 원, 1천만 원으로 확장한다. 여기서부터는 자산이 여러분을 위해 일하는 진정한 자동화 단계에 진입한 것이다.

많은 투자자가 500만 원이라는 큰돈이 들어오기 시작하면 소비를 늘리는 유혹에 빠진다. 하지만 경제적 자유를 완성하는 유일한 길은 '생활비의 고정'과 '재투자의 가속'이다. 분배금이 늘어나는 속도보다 소비가 늘어나는 속도가 빠르면 시스템은 결코 완성되지 않는다.

목표는 돈을 많이 쓰는 것이 아니라, 평생 돈 걱정 없이 지낼 수 있는 삶의 주권을 갖는 데 있다.

여러분이 할 일은 500만 원이라는 숫자를 향해 가는 여정에서 자신의 투자 철학을 확고히 하는 것이다. 시스템은 단순히 돈을 넣어두는 기계가 아니라, 들어온 수익을 어떻게 운용할지 결정하는 여러분의 원칙에 의해 돌아간다.

평생 월급을 만들어내는 시스템의 창조주가 된 것을 축하하며, 이제 흔들림 없는 500만 원 시스템의 설계도를 완성하라.

월배당 ETF로 완성하는
위기에 강한 자산 배분 전략

주식, 채권, 리츠형 월배당 ETF를 6:2:2 비율로 배분하고
매년 리밸런싱을 실천하면, 시장 위기에도 흔들림 없이
매달 일정한 분배금을 받는 무적의 포트폴리오를 구축할 수 있다.

시장 위기가 닥치면 모든 자산이 흔들리는 것 같지만, 주식, 채권, 리츠는 각기 다른 생리로 움직인다. 주식형 월배당 ETF는 경제 성장을, 채권형 ETF는 금리 하락기를, 리츠형 ETF는 부동산 임대료라는 실물 수익을 대변한다.

이 세 가지를 전략적으로 조합하면 특정 자산이 조정받을 때 다른 자산이 방어막 역할을 해, 월 500만 원이라는 현금 흐름이 중단되지 않도록 안전망을 형성할 수 있다.

가장 권장하는 조합은 주식형 ETF 60%, 국채 기반 채권 ETF 20%, 리츠 ETF 20%의 비율이다.

주식형 ETF(60%)

'TIGER 미국배당다우존스'나 'SCHD'와 같은 배당 성장형 상품을 배치해 자산의 덩치를 키운다.

채권형 ETF(20%)

'ACE 미국30년국채액티브(H)'나 'TLT'처럼 시장 급락 시 가격이 상승하는 국채 ETF를 통해 배당 엔진의 '브레이크'이자 방어막을 마련한다.

리츠 ETF(20%)

'VNQ'나 'KODEX 다우존스미국리츠'와 같이 미국 상업용 부동산에 투자하는 상품을 통해 매달 꼬박꼬박 임대 수익형 분배금을 입금받는다.

리츠 ETF는 주식 시장의 소음으로부터 계좌를 지키는 핵심 방패다. 금리 인상기에는 일시적으로 가격이 조정받지만, 임대료가 매년 물가에 맞춰 상승하므로 장기적으로 인플레이션을 방어한다.

주식 시장이 공포로 요동칠 때도 부동산 임대료 기반의 분배금은 일정하게 유지되어 투자자의 심리적 평온함을 지켜준다. 실물 자산이라는 특성상, 경제가 어려울 때 분배금 감소를 최소화하는 강력한 완충재 역할을 수행한다.

채권형 ETF는 위기 상황에서 유동성을 공급하는 마법 같은 존재다. 시장이 급락해 공포가 확산할 때 채권 ETF 가격은 오히려 오르는 경향이 있다. 이때 채권 비중을 조절해 수익을 실현하고, 그 자금으로 세일 중인 우량 주식형 ETF를 매수하면, 위기는 곧 자산의 덩치를 키우는 기회가 된다. 위기를 기회로 바꾸는 힘은 예측이 아닌 채권이라는 방어 자산을 보유하는 것에서 나온다.

이 조합의 핵심은 1년에 한 번 행하는 '리밸런싱'이다. 주식형 ETF가 올라 전체 비중이 70%가 되었다면, 10%만큼 매도해 채권형과 리츠형 ETF를 사는 식으로 6:2:2 비율을 강제로 맞춘다. 이 과정에서 고평가된 자산을 팔고 저평가된 자산을 사는 투자가 이루어지며, 장기 수익률은 극대화된다. 리밸런싱을 게을리하면 포트폴리오의 방어력이 무너지므로, 매년 정해진 날짜에 기계적으로 실행하는 원칙이 중요하다.

투자의 고수는 시장을 예측하는 사람이 아니라 원칙을 지키는 사람이다. 오늘 계좌를 열어 주식, 채권, 리츠형 월배당 ETF가 정해진 비율대로 담겨 있는지 확인하라.

위기를 기회로 바꾸고 매달 현금 흐름을 지키는 힘은, 시장의 뉴스보다 여러분의 자산 배분 원칙에서 나온다. 원칙을 세우고 실행하는 것, 이것이 바로 월 500만 원의 분배금을 평생 지키는 무적 포트폴리오의 마지막 퍼즐이다.

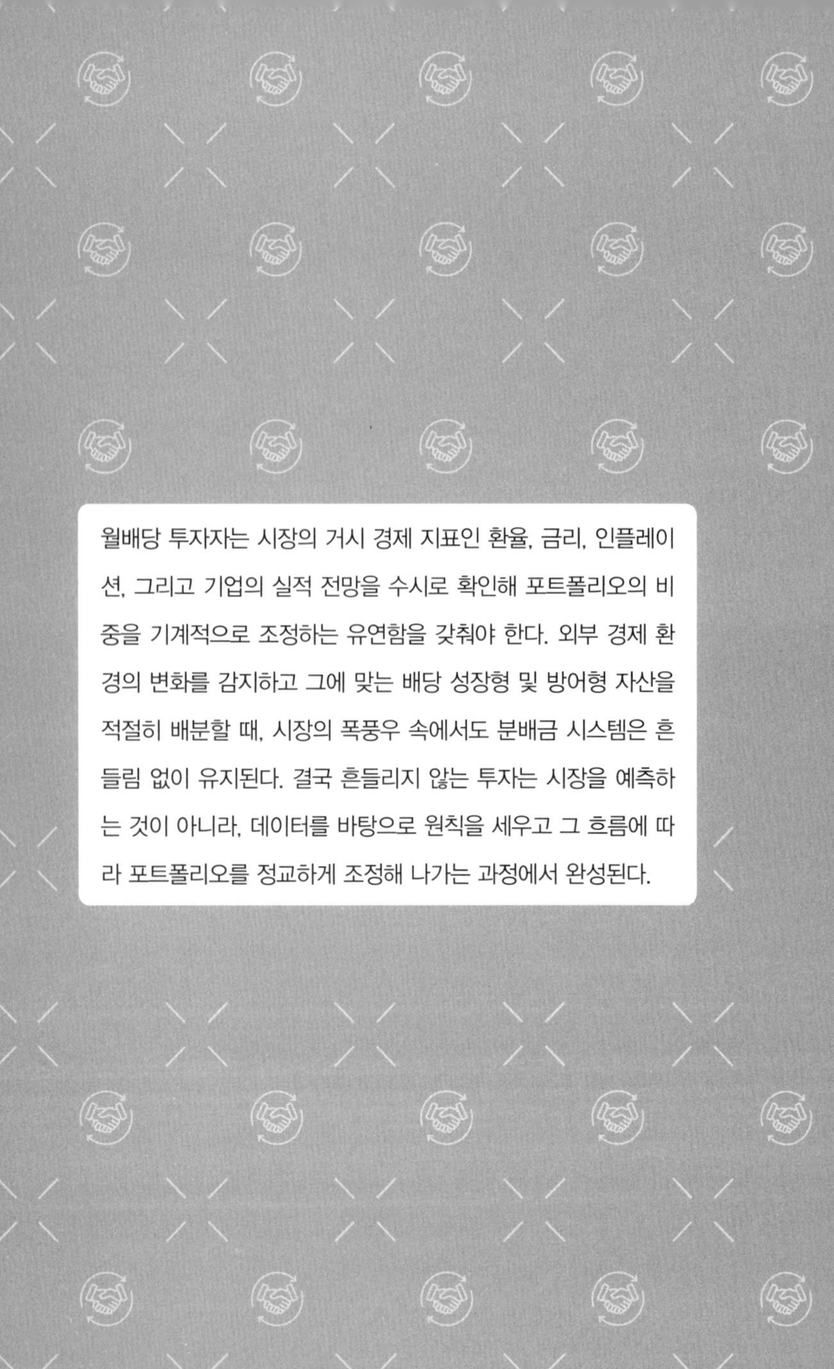

월배당 투자자는 시장의 거시 경제 지표인 환율, 금리, 인플레이션, 그리고 기업의 실적 전망을 수시로 확인해 포트폴리오의 비중을 기계적으로 조정하는 유연함을 갖춰야 한다. 외부 경제 환경의 변화를 감지하고 그에 맞는 배당 성장형 및 방어형 자산을 적절히 배분할 때, 시장의 폭풍우 속에서도 분배금 시스템은 흔들림 없이 유지된다. 결국 흔들리지 않는 투자는 시장을 예측하는 것이 아니라, 데이터를 바탕으로 원칙을 세우고 그 흐름에 따라 포트폴리오를 정교하게 조정해 나가는 과정에서 완성된다.

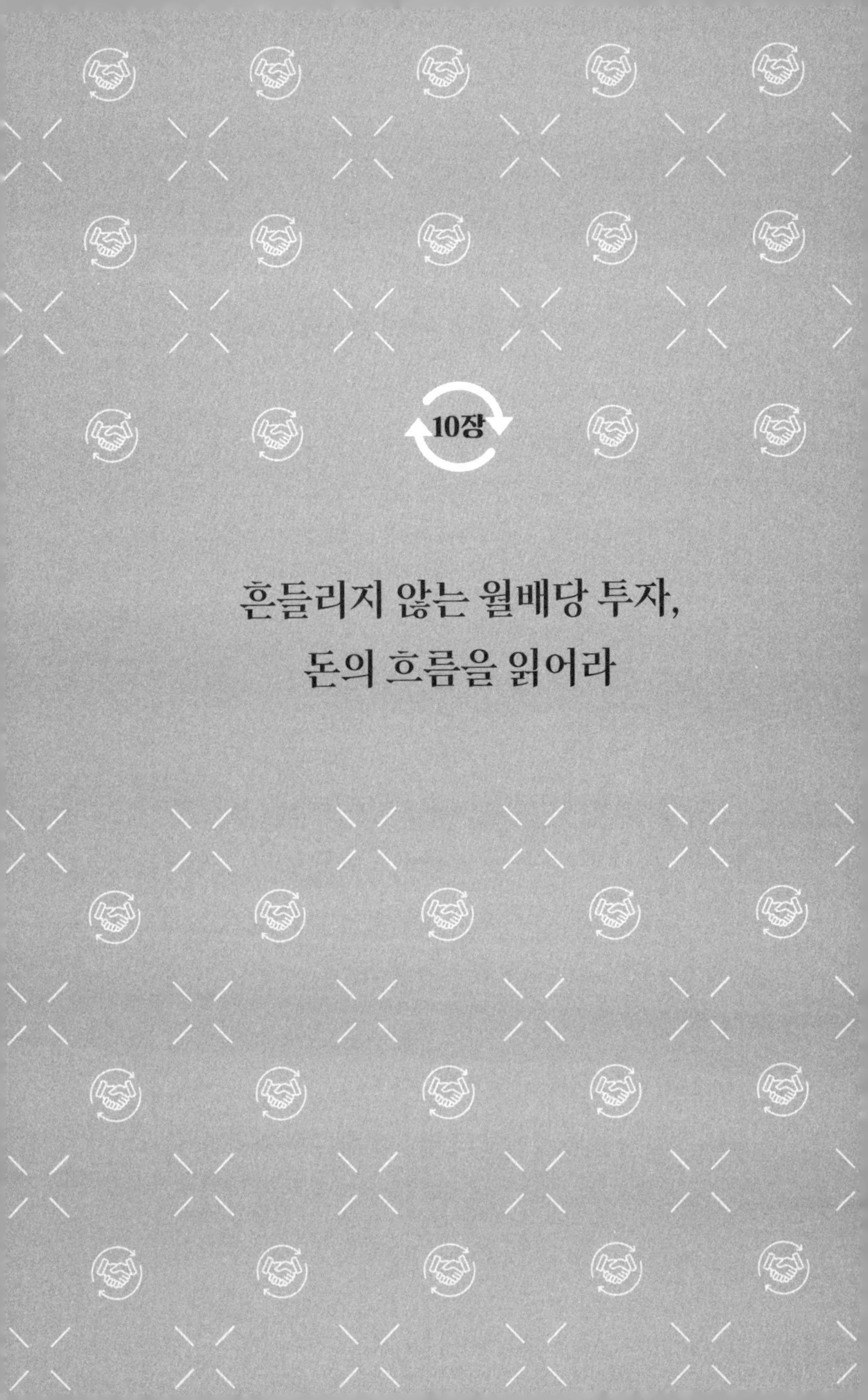

흔들리지 않는 월배당 투자,
돈의 흐름을 읽어라

환율 변동,
월배당 자산의 실질 가치를 점검하라

환율은 월배당 자산의 실질 가치를 결정하는 핵심 변수이므로,
달러와 원화 자산을 적절히 배분해 환율 변동성에 따른
수익률 충격을 효과적으로 분산해야 한다.

해외 배당 ETF 투자자에게 환율은 수익률의 또 다른 주인공이다. 달러 기반 자산을 보유할 때 환율이 오르면 원화 환산 가치가 상승해 이익을 보지만, 반대로 환율이 떨어지면 배당을 많이 받아도 원화 기준 수익률은 마이너스가 될 수 있다. 배당 투자자는 환율을 단순히 관찰 대상이 아니라 투자 성과의 핵심 변수로 받아들여야 한다.

환율 변동이 실질 가치에 미치는 영향을 파악하려면 '환헤지'와 '환노출' 상품의 특성을 명확히 구분해야 한다. 환노출 상품은 달러 가치가 오를 때 자산 가치가 함께 상승하지만, 환율이 급락하면 배당의 즐거움을 모두 반납해야 할 수도 있다. 반면 환헤지 상품은 환율 변동의 영향에서 자유롭지만, 헤지 비용이 발생해 장기적으로는 수익률을 소폭 갉아먹는 구조를 가진다.

환율의 흐름을 읽는 가장 쉬운 방법은 경상수지 변화와 금리 차이를 확인하는 것이다. 한국과 미국의 금리 차이가 벌어지면 일반적으로 달러가 강세를 보이는데, 이 시기에는 달러 자산의 가치가 상승해 배당 투자자에게 유리한 환경이 조성된다. 반대로 미국이 금리를 내리고 한국 금리가 상대적으로 높아지면 달러 약세가 진행되는데, 이때는 달러 자산의 비중을 조절하거나 환헤지 상품으로 갈아타는 유연함 역시 필요하다.

환율 변동에 대응하는 최선의 전략은 달러와 원화 자산을 일정 비율로 섞는 것이다. 모든 자산을 달러로만 채우지 말고, 원화로 배당을 주는 국내 리츠나 채권 ETF를 포트폴리오의 30% 정도 유지하면 환율이 하락하는 구간에서도 충격을 분산할 수 있다.

이는 투자의 변동성을 낮추고, 어떤 환율 환경에서도 매달 안정적인 현금 흐름을 뽑아내는 무기가 된다.

환율이 급등해 달러 자산의 가치가 과도하게 올랐다면, 일부 수익을 실현해 원화 자산으로 옮기는 리밸런싱을 실행하라. 이때 실현된 수익은 단순한 현금이 아니라, 또 다른 배당 ETF를 사 모으는 강력한 시드머니가 된다.

환율이라는 거대한 파도를 타는 기술은 파도를 예측하는 것이 아니라, 파도의 높이에 맞춰 배의 무게 중심을 옮기는 데 있다.

계좌 내 달러 자산과 원화 자산의 비중을 체크해보라. 환율의 움직임에 따라 월배당 수령액이 얼마나 달라질 수 있는지 시뮬레이션해보는 과정 자체가 투자의 고수로 가는 길이다. 환율을 두려워하지 말고 자산 가치를 재조정하는 기회로 활용할 때, 배당 엔진은 환율 변동이라는 풍랑 속에서도 멈추지 않고 돌아간다.

금리 사이클을 읽고
월배당 ETF의 비중을 조절하라

금리 인상기에는 배당 성장형 월배당 ETF의 비중을 높여
기업의 펀더멘털을 방어하고, 금리 인하기에는 채권형 ETF 비중을 늘려
자산 가치 상승과 안정적인 현금 흐름을 동시에 확보해야 한다.

금리는 월배당 ETF 수익률을 결정하는 가장 강력한 변수다. 금리가 오르면 시중 자금이 은행 예금이나 채권으로 이동하며 주식형 ETF의 매력도가 일시적으로 떨어진다.

반대로 금리가 내리면 주식과 부동산 같은 위험 자산의 가치가 상승하며 월배당 ETF의 효율이 극대화된다. 따라서 금리 변화를 단순히 이자율의 변화가 아닌 자산 배분의 '신호등'으로 읽어내는 능력이 필수적이다.

금리 인상기에는 단순 고분배형 ETF보다 매년 분배금을 늘려가는 '배당 성장형 월배당 ETF'가 훨씬 유리하다. 금리가 오르면 기업의 대출 이자 부담이 커지지만, 제품 가격 결정력이 있거나 효율이 뛰어난 기업들은 매년 분배금을 늘려 주가를 견고하게 유지하기 때문이다.

대표적으로 'TIGER 미국배당다우존스'나 'SCHD'와 같은 배당 성장형 상품은 금리 인상기에도 기업의 펀더멘털을 바탕으로 방어력이 뛰어나다.

반대로 금리 인하기에는 채권형 ETF가 투자의 중심이 된다. 금리가 낮아지면 새로 발행되는 채권의 이자는 줄어들지만, 과거에 발행된 고금리 채권의 가치는 시장에서 프리미엄을 받고 상승한다.

이때 포트폴리오에 'ACE 미국30년국채액티브(H)'나 'TLT'와 같은 미국 국채 ETF를 섞어두면, 금리 하락으로 인한 채권 가격 상승 수익과 함께 안정적인 분배 수익을 동시에 챙길 수 있는 전략이 가능하다. 금리 인하기에 채권형 ETF 비중을 높이는 것은 배당 엔진에 강력한 가속 페달을 밟는 것과 같다.

금리 사이클에 대응하는 구체적인 실전 전략은 '비중 조절'이라는 것을 명심하자.

금리 인상기

배당 성장형 ETF(TIGER 미국배당다우존스 등) 비중을 60% 이상 늘려 기업의 펀더멘털을 방어한다.

금리 인하기

채권형 ETF(ACE 미국30년국채액티브 등) 비중을 40%까지 높여 자산 가치 상승과 안정성을 확보한다. 이 과정에서 금리라는 파도를 거스르지 않고 그 흐름에 올라타는 유연함이 필요하다.

투자자는 금리의 방향을 100% 예측하려고 애쓰기보다, 금리 변화에 따른 대응 원칙을 세우는 데 집중해야 한다. 뉴스에서 금리 인상 소식이 들리면 배당 성장형 포트폴리오를 점검하고, 금리 인하 기대감이 시장을 지배하면 채권형 ETF 비중을 늘리는 기계적인 루틴만으로도 충분하다.

원칙을 가진 투자자는 금리 변동이라는 중력을 거스르는 대신, 그것을 자산 증식의 동력으로 활용한다.

이제 계좌를 열어보고 현재 포트폴리오가 배당 성장형 ETF와 채권형 ETF 중 어디에 치우쳐 있는지 확인하라. 금리 인상기인데 고정금리 채권만 가득하거나, 금리 인하기인데 방어적인 종목만 보유하고 있지는 않은가?

금리라는 중력을 이해하고 그 흐름에 맞춰 월배당 ETF의 비중을 재배치하는 것, 이것이 흔들리지 않는 월배당 시스템을 만드는 핵심 비결이다.

경기 침체 신호를 미리 읽고
월배당 ETF 포트폴리오를 방어하라

경기 침체 신호가 감지되면 부채 비율이 높은 상품을 정리하고,
수십 년간 배당을 늘려온 우량 배당 성장형 월배당 ETF 위주로
포트폴리오를 재편해 안정적인 현금 흐름을 지켜내야 한다.

경기 침체를 알리는 가장 정확한 신호 중 하나는 '장단기 금리 역전'이다. 단기 채권 금리가 장기 채권 금리보다 높아지는 이 현상은, 경제의 기초 체력이 바닥났음을 알리는 강력한 경고등이다.

투자자는 이 신호를 확인하는 즉시, 공격적인 수익 추구를 멈추고 현금 흐름의 안전성을 확보하는 방어 태세로 전환해야 한다. 월배당 ETF 투자자라면 경기 민감주 비중을 줄이고, 불황에도 배당을 삭감할 위험이 낮은 우량한 ETF 위주로 포트폴리오를 재편해야 한다.

침체 신호가 나타나면 가장 먼저 포트폴리오를 '필수소비재 및 배당 성장형 ETF' 위주로 재편해야 한다. 경기가 나빠져도 사람들은 음식을 먹고 의약품을 소비한다. 'TIGER 미국배당다우존스'나 'SCHD'와 같이 수십 년간 배당을 늘려온 우량 배당 성장주 ETF는 경기 민감주와 달리 이익 변동성이 작아 침체기에도 배당이 삭감될 위험이 매우 낮다.

경기에 상관없이 꾸준히 분배금을 지급해온 검증된 ETF로 자산을 압축하는 것만으로도 포트폴리오의 생존 확률이 비약적으로 올라간다.

불황기에는 '배당 귀족주(Dividend Aristocrats)' 전략을 따르는 월배당 ETF가 정답이다. 최소 25년 이상 매년 배당금을 늘려온 기업들을 담은 ETF들은 이미 수차례의 경제 위기를 배당 삭감 없이 통과한 이력이 있다.

국내 시장에 상장된 'ACE 미국배당다우존스'나 'TIGER 미국배당다우존스'와 같은 상품들은 이러한 검증된 기업들에 분산 투자하므로, 경기 침체기에 개별 종목이 부채 문제로 배당을 멈추는 리스크를 효과적으로 차단한다.

무리하게 높은 분배율만 쫓는 위험한 상품보다는, 위기를 견뎌낸 우량 기업들로 구성된 ETF로 자산을 옮기는 것이 가장 확실한 방어 전략이다.

또한 경기 침체기에는 '현금 흐름'이 풍부한 기업들에 집중 투자하는 ETF를 선별해야 한다. 기업이 벌어들인 순이익 중에서 실제 배당으로 나가는 비중인 배당 성향이 과도하게 높으면 위기 시 배당을 줄일 여력이 없지만, 잉여 현금 흐름이 풍부한 기업들은 불황에도 배당을 유지하거나 심지어 늘릴 수 있다.

이러한 기업들로 구성된 월배당 ETF는 주가 하락기에도 분배금이라는 현금을 꾸준히 공급해, 투자자가 공포에 질려 시장을 떠나지 않도록 돕는 든든한 버팀목이 된다.

오늘 여러분의 포트폴리오에서 경기 민감도가 높거나 지나치게 레버리지를 활용하는 상품을 골라내라. 경기 침체 신호는 공포의 대상이 아니라 포트폴리오의 불순물을 제거하라는 정화의 기회다.

미리 준비된 투자자는 침체라는 폭풍우 속에서도 분배금을 입금받으며, 오히려 저렴해진 우량 월배당 ETF를 수집하는 기회를 누린다.

지금의 포트폴리오가 폭풍우를 견딜 수 있는 체력을 갖췄는지 다시 한번 점검하고, 배당의 뿌리가 깊은 상품으로 가지를 쳐내라.

국채 금리 추이를 읽고
월배당 ETF의 항로를 조정하라

미국 10년 국채 금리를 시장의 나침반으로 삼아,
금리 구간별 비중 조절 원칙을 지키는 기계적인 대응을 통해
배당 시스템의 항로를 정교하게 유지해야 한다.

채권 금리는 시장의 온도계이자 자산 이동의 신호등이다. 흔히 '미국 10년 만기 국채 금리'를 기준으로 삼는데, 이 금리가 급격히 오르면 위험 자산인 주식형 월배당 ETF의 상대적 매력은 떨어진다.

안전한 국채만 사도 4~5% 수익을 낼 수 있다면, 굳이 변동성을 감수하며 월배당 ETF에 투자할 유인이 줄어들기 때문이다. 반대로 금리가 낮아지면 투자자들은 더 높은 수익을 찾아 월배당 ETF와 리츠형 ETF로 몰려든다.

금리 변화를 월배당 ETF 투자에 적용하는 사례를 보자. 채권 금리가 급등하는 시기에는 주식 시장이 크게 출렁인다. 이때 보유 중인 채권형 ETF의 만기가 너무 길면 가격 하락 폭이 커져 큰 손실을 볼 수 있다.

따라서 금리 인상기에는 'ACE 미국단기통안채액티브'와 같이 만기가 짧은 단기 채권형 ETF로 갈아타서 방어하고, 주식형 ETF 중에서도 부채가 적고 현금 흐름이 확실한 'TIGER 미국배당다우존스'와 같은 배당 성장형 상품의 비중을 높여야 한다.

반대로 금리가 내려가는 인하기에는 채권형 ETF가 '효자' 역할을 한다. 금리가 떨어지면 새로 발행되는 채권의 이자는 낮아지지만, 과거에 발행된 고금리 채권의 가격은 가파르게 오른다. 이 시기에는 채권 가격 상승 수익과 분배 수익을 동시에 노릴 수 있다.

특히 금리 인하기에는 기업들의 대출 이자 부담이 줄어들어 'VNQ(리츠 ETF)'나 배당 성장형 월배당 ETF의 주가가 큰 폭으로 상승한다. 이 시기에는 'ACE 미국30년국채액티브(H)'와 같은 장기 국채 ETF를 적극 활용해 배당 엔진에 가속 페달을 밟아야 한다.

시장의 향방을 예측하는 법은 복잡한 지표를 나열하는 것이 아니라, 국채 금리가 특정 구간을 돌파할 때마다 비중을 조절하는 '원칙'을 지키는 데 있다.

예를 들어 "미국 10년 국채 금리가 4%를 넘어서면 장기 채권형 ETF 비중을 줄이고 배당 성장형 ETF 비중을 높인다"는 식의 단순한 루틴이면 충분하다. 시장이 급변해도 감정에 휘둘리지 않고 정해진 규칙대로 자산을 재배치하는 것만으로도 투자의 성패가 갈린다.

투자 고수들은 매일 뉴스를 보며 시장을 예측하지 않는다. 대신 10년 만기 국채 금리 추이를 매주 확인하며, 내 포트폴리오가 현재의 금리 환경에 어울리는지 점검한다.

금리 인상기라면 방어적인 포트폴리오를, 금리 인하기라면 수익을 극대화하는 포트폴리오를 유지하는 기계적인 대응이야말로 월배당 시스템을 지키는 핵심 비결이다.

오늘 당장 보유 중인 채권형 ETF의 만기와 현재 10년 만기 국채 금리를 확인해보라. 금리의 방향성이 내 포트폴리오에 독이 되는지 약이 되는지 파악하는 것만으로도 투자의 질은 완전히 달라진다.

금리라는 나침반을 믿고 월배당 ETF의 항로를 정교하게 조정하면, 시장이 어떤 방향으로 움직이든 여러분의 배당 시스템은 안전하게 목적지에 도달한다.

달러 인덱스를 읽고 글로벌 자금의 흐름에 따라 월배당 ETF를 조정하라

달러 인덱스가 강세일 때는 미국 배당 성장형 월배당 ETF의 비중을 높여
환차익을 극대화하고, 약세일 때는 리츠나 금 관련 ETF로 분산해
글로벌 자금 이동에 따른 환율 리스크를 방어해야 한다.

달러 인덱스는 전 세계 자금이 어디로 이동하는지를 보여주는 지표다. 달러 인덱스가 오르면 자금은 안전한 미국 시장으로 쏠리고, 달러 인덱스가 내리면 돈은 더 높은 수익을 찾아 원자재나 신흥국 시장으로 흩어진다.

월배당 투자자라면 이 지표를 통해 내 포트폴리오가 현재 '강한 달러' 환경에 있는지, '약한 달러' 환경에 있는지 파악하고 적절한 월배당 ETF를 배치해야 한다.

달러 인덱스가 100을 넘어서며 가파르게 오르는 '킹달러' 시대에는 미국 우량주 위주의 'TIGER 미국배당다우존스'나 'SCHD' 같은 월배당 ETF가 최고의 성과를 낸다.

이때는 달러 가치 상승에 따른 환차익과 미국 기업의 배당 성장이 결합해 수익률이 증폭되는 경험을 할 수 있다. 달러가 강세일 때는 미국 자산 비중을 높여 자산의 덩치를 키우는 것이 환율 리스크를 이기는 전략이다.

반대로 달러 인덱스가 하락하는 달러 약세기에는 돈이 미국을 떠나 높은 수익을 찾아 이동한다. 이때는 단순히 미국 배당 ETF만 고집하기보다, 금(Gold) 관련 상품이나 'VNQ'와 같은 리츠형 ETF를 포트폴리오에 섞어주어야 한다.

달러 가치가 하락할 때 실물 자산인 금이나 부동산 기반의 리츠 ETF는 가격이 오르며, 내 전체 월배당 시스템이 무너지지 않도록 완충 작용을 해준다.

실전 전략은 간단하다. 달러 인덱스가 강할 때는 'TIGER 미국배당다우존스'와 같은 미국 배당 성장형 ETF의 비중을 60% 이상으로 늘려 환차익과 주가 상승을 동시에 노린다. 반대로 인덱스가 꺾이기 시작하면 과감하게 미국 자산 비중을 조절하고, 그 수익을 금 관련 상품이나 'KODEX 다우존스미국리츠' 같은 실물 자산 ETF로 분산한다.

이 단순한 비중 조절만으로도 달러라는 파도를 거스르지 않고, 그 위에서 수익을 극대화할 수 있다.

투자 고수들은 매일 뉴스를 보며 시장을 예측하지 않는다. 대신 달러 인덱스를 보며 "자금이 미국으로 쏠리고 있는가, 아니면 밖으로 나가고 있는가"만 확인한다.

달러가 강할 때 미국 월배당 ETF를 모으고, 달러가 약해질 때 실물 자산 ETF로 분산하는 기계적인 루틴만으로도 환율 리스크를 완벽하게 관리할 수 있다.

오늘 당장 달러 인덱스의 1년 치 차트를 확인해보라. 지금 내 포트폴리오가 달러 강세에 최적화되어 있는지, 아니면 다가올 약세장에 대비해 분산되어 있는지 확인하는 것만으로도 투자의 수준이 달라진다.

달러의 흐름을 읽고 월배당 ETF의 비중을 정교하게 조정하면, 전 세계 어디에서 자본이 이동하든 여러분의 배당 시스템은 흔들림 없이 목적지에 도달할 것이다.

물가 상승률을 압도하는
'배당 성장형 월배당 ETF'로 구매력을 방어하라

매년 분배금이 줄어드는 고정형 상품 대신, 가격 결정력이 강한 기업들로
구성된 '배당 성장형 월배당 ETF'를 선택해 물가 상승률보다 높은
분배금 성장률을 확보해야만 노후 구매력을 지킬 수 있다.

배당 투자에서 가장 경계해야 할 적은 물가 상승이다. 물가가 매년 3%씩 오르면, 현재 받는 100만 원은 10년 뒤 약 74만 원의 구매력밖에 갖지 못한다. 고정된 분배금만 주는 상품에만 투자한다면, 시간이 흐를수록 여러분의 노후 생활 수준은 점점 가난해진다.

인플레이션이라는 침입자를 따돌리기 위해서는 분배금의 액수가 매년 불어나는 '배당 성장형 월배당 ETF'를 포트폴리오의 중심에 두어야 한다.

인플레이션을 방어하는 핵심은 기업의 '가격 결정력'이다. 원자재나 인건비가 올랐을 때 제품 가격을 인상해 비용을 소비자에게 전가할 수 있는 기업만이 매년 분배금을 올릴 수 있다.

'TIGER 미국배당다우존스'나 'SCHD' 같은 월배당 ETF는 브랜드 파워가 강한 우량 기업들에 투자해 물가가 올라도 매출과 이익이 함께 성장한다. 이런 상품들은 물가 상승률 이상으로 분배금을 매년 증액해 여러분의 구매력을 든든하게 방어해준다.

'분배금 성장률'의 차이가 10년 뒤 부의 격차를 만든다. 매년 5%씩 분배금을 늘려주는 ETF에 투자한다면, 첫해 100만 원이었던 분배금은 10년 뒤 약 163만 원이 된다. 물가 상승률을 감안해도 여러분의 실질 소득은 계속해서 늘어나는 셈이다.

지금 당장 분배율이 6%라도 분배금이 제자리인 상품보다, 분배율은 3%여도 매년 분배금을 10%씩 인상하는 '배당 성장형 ETF'를 선택하는 것이 장기적으로 훨씬 유리하다.

구매력 감시를 위해 반드시 ETF가 보유한 기업들의 '배당 성향'과 '잉여 현금 흐름'을 체크해야 한다. 벌어들인 이익의 대부분을 배당으로 다 써버리는 기업들이 담긴 상품은 물가가 오를 때 배당을 늘릴 여력이 없다.

반면 'TIGER 미국배당다우존스'처럼 잉여 현금 흐름이 풍부한 기업 위주의 ETF는 고물가 상황에서도 배당금을 유지하거나 심지어 늘릴 수 있는 여유가 있다. 배당 성향이 과도하게 높은 상품은 위기 시 분배금 삭감 후보 1순위임을 반드시 기억하라.

구매력 유지를 위해 1년에 한 번 정기적으로 점검하라. "내 분배금 증가율이 물가 상승률보다 높은가?" 이 질문에 매년 "그렇다"라고 답할 수 있어야 한다. 만약 물가는 4% 올랐는데 내 분배금은 2%밖에 안 늘었다면, 그 포트폴리오는 이미 가라앉고 있는 배와 같다.

인플레이션을 이기지 못하는 정체된 상품은 과감히 매도하고, 가격 결정력이 있는 배당 성장형 월배당 ETF로 용기 있게 교체해야 한다.

오늘 여러분의 포트폴리오에서 '평균 분배금 성장률'을

계산해보라. 분배금이 고정되어 있다면 그것은 투자가 아니라 서서히 가라앉는 자산을 보유한 것이다.

매년 분배금의 몸집을 키워 물가라는 침입자를 따돌리는 것, 이것이야말로 죽을 때까지 월급을 받는 무적의 포트폴리오를 유지하는 마지막 비결이다.

월배당 ETF의 수익 원천인
'구성 종목의 이익'을 점검하라

월배당 ETF에 담긴 주요 기업들의 영업이익률과 EPS 추이를
수시로 점검해, 이익 성장이 멈추고 분배금 삭감 가능성이 높은 상품을
과감히 교체해야만 평생 흔들림 없는 현금 흐름을 유지할 수 있다.

월배당 ETF 투자에서 간과하기 쉬운 점은 '바구니가 아무리 튼튼해도 담긴 내용물이 부패하면 소용없다'는 사실이다. 분배금은 결국 ETF가 보유한 기업들이 벌어들인 이익에서 나오므로, ETF 구성 종목들의 이익 전망치가 꺾이는 지점을 파악하는 것이 중요하다.

매 분기 발표되는 ETF의 상위 구성 종목 실적과 애널리스트들의 이익 전망치(컨센서스)를 확인하는 습관은 여러분의 분배금 시스템을 지키는 가장 강력한 방어선이다.

이익을 분석할 때는 ETF 구성 종목들의 ‘영업이익률’ 흐름을 주목해야 한다. 매출이 늘어도 영업이익률이 하락하는 기업이 많은 ETF는 제품 가격 결정력을 상실하고 비용만 증가하고 있다는 뜻이다.

예를 들어 ‘TIGER 미국배당다우존스’나 ‘SCHD’와 같은 배당 성장형 ETF는 구성 종목들이 높은 영업이익률을 유지하는지를 꾸준히 감시해야 한다. 이익률이 15%에서 10%로 지속 하락하는 기업 비중이 높아진다면, 불황이 왔을 때 해당 ETF의 분배금 삭감 확률이 매우 높다.

반대로 매출이 정체되어도 영업이익률이 개선되는 기업들로 구성된 ETF는 분배금을 늘릴 여력이 있다. 실적 발표 시 애널리스트들의 전망치가 하향 조정되는 종목들이 상위권에 배치된 ETF는 주의해야 한다.

이익 전망치가 낮아진다는 것은 그 상품을 구성하는 기업들의 경쟁력이 약해지고 있다는 신호이므로, 단순히 과거의 높은 분배율만 믿고 붙들고 있으면 낭패를 볼 수 있다.

이익 전망치를 볼 때는 구성 종목들의 ‘주당순이익(EPS)’

과 ETF 전체의 '배당 성향'을 함께 따져야 한다. EPS가 꾸준히 늘어나는 기업들이 상위에 포진한 'TIGER 미국배당다우존스' 같은 ETF는 분배금도 자연스럽게 인상된다.

하지만 EPS는 제자리인데 ETF 구성 기업들이 무리하게 배당 성향만 올리는 상품은 위험하다. 이는 기업이 미래를 위한 재투자를 포기하고, 당장 분배금을 맞춰주기 위해 억지로 배당을 주는 상황이기 때문이다. 이런 상품의 분배금은 지속 가능하지 않다.

이익 점검 루틴을 정례화하라. 실적 발표 시즌마다 내가 보유한 상위 월배당 ETF들의 구성 종목 실적을 확인하라. 기업들이 "앞으로 이익이 줄어들 것 같다"고 예고한다면, 수익 실현 후 성장성이 확실한 'KODEX 미국배당프리미엄액티브'처럼 전략적 대응이 가능한 상품으로 갈아타는 것이 훨씬 더 낫다.

실적이 꺾이는 종목들이 많은 ETF를 분배금 하나만 믿고 보유하는 것은, 침몰하는 배의 갑판에서 마지막 식사를 즐기는 것과 다름없다.

여러분이 보유한 월배당 ETF의 상위 구성 종목들의 이익 전망치를 확인해보라. 분배금 시스템은 자산을 쌓아두는 창고가 아니라, 끊임없이 살아 움직이는 이익의 흐름을 관리하는 과정이다.

ETF 내 기업들이 이익을 잘 내고 있는지 감시하고 대응하는 것, 이것이야말로 죽을 때까지 월급을 받는 무적의 포트폴리오를 유지하는 마지막 원칙이다.

월배당 투자의 실질 수익률을 결정짓는 최후의 승부처는 '세금'이다. 2026년 상향된 세법 기준에 따르면, 배당 투자자는 ISA, 연금저축, IRP라는 세 가지 방패를 전략적으로 활용해야 한다.

먼저 중개형 ISA는 연간 4천 만 원(총 2억 원)까지 납입 가능하며, 최대 500만 원(일반형 기준)의 비과세 혜택을 제공하는 배당 투자의 0순위 계좌다. 비과세 한도 초과분도 9.9% 분리과세되어 금융소득종합과세와 건강보험료 폭탄을 막아준다.

연금저축펀드와 IRP는 합산 연 900만 원의 세액공제와 더불어, 배당소득세를 내지 않고 재투자하는 '과세이연'을 통해 복리 효과를 극대화한다. 특히 사적연금 분리과세 한도가 연 1,500만 원으로 상향되어 은퇴 후 현금 흐름 설계가 더욱 유리해졌다.

결국 'ISA → 연금저축 → IRP' 순의 입금 원칙을 지키고, ISA 만기 자금을 연금 계좌로 이전하는 릴레이 전략을 실천하는 자만이 세금이라는 침입자를 막고 진정한 경제적 자유를 완성할 수 있다.

절세 계좌 활용 가이드

중개형 ISA
- 2026년 상향안 반영, 배당 투자의 첫 단추

중개형 ISA(개인종합자산관리계좌)는 2026년부터 그 혜택이 파격적으로 확대되었다. 가장 핵심적인 변화는 납입 한도가 연간 4천만 원(총한도 2억 원)으로 상향된 점이다.

배당 투자자에게 가장 직접적인 혜택인 비과세 한도 역시 일반형 500만 원, 서민형 1천만 원으로 대폭 확대되었다. 이제 월배당 ETF를 통해 발생하는 분배금을 연간 500만 원까지는 세금을 전혀 내지 않고 온전히 수령한다.

비과세 한도를 초과하는 수익에 대해서도 15.4%가 아닌 9.9%의 낮은 세율로 분리과세되므로, 금융소득종합과세 합산에서 제외되어 건강보험료 인상 걱정을 덜어주는 유일한 방패 역할을 한다.

3년의 의무 가입 기간만 채우면 언제든 해지해 비과세 혜택을 확정 지을 수 있고, 납입 원금은 중도 인출해도 페널티가 없어 자금 운용의 유연성이 매우 높다.

연금저축펀드
- 과세이연을 통한 복리 효과의 극대화

연금저축펀드는 당장의 세액공제보다 '과세이연'이라는 보이지 않는 힘에 주목해야 한다. 배당을 받을 때마다 떼이는 15.4%의 세금을 원천징수하지 않고, 그 돈을 그대로 재투자할 수 있다는 사실은 20년 뒤 자산 규모를 결정짓는 결정적인 차이를 만든다.

연간 납입 한도 1천 800만 원 중 600만 원까지 세액공제 혜택을 받을 수 있으며, 소득 수준에 따라 최대 99만 원(16.5%)을 연말정산 시 환급받아 다시 투자금으로 활용할 수 있다. 특히 이 계좌는 위험자산 투자 한도 제한이 없다는 강력한 장점이 있어, 주식형 배당 성장 ETF에 자산의 100%를 집중 투자할 수 있다.

나중에 55세 이후 연금으로 수령할 때 3.3~5.5%의 낮은 연금소득세만 부담하면 되므로, 현재의 고율 과세를 미래의 저율 과세로 바꾸는 가장 현명한 노후 준비 도구다.

사적연금 분리과세 한도가 연간 1천 500만 원으로 상향

되어, 월 125만 원까지는 종합과세 걱정 없이 낮은 세율로
연금을 수령할 수 있다.

IRP
- 퇴직금 수령부터 안전자산 운용까지의 마침표

IRP(개인형 퇴직연금)는 연금저축과 합산해 연간 최대 900만
원까지 세액공제를 받을 수 있는 계좌다.

연금저축으로 600만 원을 채운 뒤 남은 300만 원을 IRP
에 넣으면 최대 148만 5천 원(16.5% 적용 시)의 환급금을 챙
기는 가장 효율적인 포트폴리오가 완성된다.

특히 퇴직금을 IRP 계좌로 받아 연금으로 수령하면 퇴직
소득세를 30%에서 10년 초과 수령 시 최대 40% 감면해주
는 혜택은 은퇴자에게 필수적이다.

IRP는 법적으로 자산의 30%를 반드시 안전자산에 담아
야 하는데, 이때 월배당 채권 ETF를 담으면 안정적인 현금
흐름을 유지할 수 있다.

또한 ISA 만기 자금을 IRP로 전환할 때 전환 금액의 10%(최대 300만 원 한도)를 추가로 세액공제 해주므로, ISA와 연계한 자산 이동 전략은 반드시 익혀야 할 고급 전술이다.

4050 세대를 위한 절세 계좌 운용 전략

현명한 투자자라면 자금의 유동성과 세제 혜택을 고려해 'ISA → 연금저축 → IRP' 순서로 자금을 배치해야 한다.

우선 3년 만기 후 목돈 인출이 가능하고 비과세 한도가 상향된 ISA의 한도를 먼저 채우는 것이 유리하다. 그 후 장기 노후 자금인 연금저축과 IRP 순으로 한도를 채워 나가며 세액공제 혜택을 극대화한다.

특히 해외 상장 ETF 직접 매수는 양도세 22%를 내야 하지만, 국내 상장된 동일 지수 ETF를 절세 계좌에서 운용하면 이 세금을 원천적으로 차단할 수 있다.

일반 계좌는 이러한 절세 계좌의 연간 한도를 모두 소진한 뒤에야 고려하는 보조적인 수단일 뿐이다.

건강보험료 및 금융소득종합과세 회피 전략

은퇴 후 소득이 없는 상태에서 가장 무서운 지출은 세금이 아니라 건강보험료다. 연간 금융소득이 2천만 원을 초과하면 금융소득종합과세 대상자가 되며, 이는 피부양자 자격 박탈과 건강보험료 지역 가입자 전환으로 이어진다.

하지만 ISA 내에서 발생하는 수익은 분리과세되어 이 2천만 원 한도 계산에서 제외되며, 연금저축과 IRP에서 발생하는 배당 수익 역시 수령 전까지는 소득으로 잡히지 않는다. 따라서 배당 규모가 커질수록 자산을 절세 계좌라는 방패 안으로 옮기는 작업이 필수적이다.

은퇴 후 월 300만 원 이상의 배당금을 목표로 한다면, 일반 계좌 위주의 포트폴리오는 반드시 건강보험료라는 암초를 만나게 된다.

세금을 통제하지 못하는 배당 투자는 밑 빠진 독에 물 붓기와 같으며, 절세 계좌는 그 독의 구멍을 막아주는 가장 단단한 마개다.